大数据时代的德育课程开发

——中小学德育主题网络课程纲要精选

秦 红 主 编

张建国 副主编

Da Shuju Shidai De Deyu Kecheng Kaifa

——zhongxiaoxue deyu zhuti wangluo kecheng gangyao jingxuan

上海教育出版社
SHANGHAI EDUCATIONAL PUBLISHING HOUSE

编　委　会

主　编:秦　红

副主编:张建国

编　委:张鲁川　吕春芳　苗　蓬　江振岚

代　序

党的十八大报告首次提出“把立德树人作为教育的根本任务”，这为广大教育工作者，尤其是从事德育研究和实践的人们给出了新的命题。显而易见，立德树人具有鲜明的时代特征和现实意义。但是，如何处理好“立德”与“树人”的关系，如何“回归育人本质”和“提升育人实效”，需要回答的既有理论层面的问题，更有实践层面的问题。

徐汇区教育学院教育发展研究中心主任秦红老师长期从事学校德育工作研究，作为中国教育学会班主任专业委员会副主任、特级教师，其在理论与实践上都有着广泛且深入的研究。一种使命感让她感觉到应服从于党和国家的意志，服务于广大教师的工作，将个人的研究成果转化为培训课程，让更多的教师更好地落实立德树人任务。为此，她于 2016 年起领衔开展了上海市学校德育骨干研究项目“区域性中小学德育主题网络课程开发的实践研究”。今天，当我们打开《大数据时代的德育课程开发——中小学德育主题网络课程纲要精选》一书，赫然可见秦红老师及其团队三年来针对这一项目所做的一些特点鲜明、卓有成效的工作。

一是切合中小学德育工作实际。参与该项目研究的人员，不仅包括德育室的专业研究人员，还有中小学一线的德育骨干教师，他们从有利于学生成人、成才、成长的角度展开研究，紧紧抓住了当下中小学德育工作的热点、难点，抓住了当前学校德育必须解决的问题。如班干部的评价机制、学生自主管理、学生自主反思、学习动机的激发、少先队快乐中队的创建、少先队中入团积极分子的培养，以及家访、家校合作、家校微信群的构建与管理等。联想到前一段时间广受媒体关注的“班级小干部受贿万元”的新闻，正是因为对班干部缺乏科学的管理、有效的评价所造成的。项目组把这些问题放进了课程，也正说明了课程所具有的实际价值。

二是凸显立德树人的核心要素。研究团队开发出的课程,紧紧围绕培育和践行社会主义核心价值观,创设了许多鲜活的德育主题,使友善、敬业等核心观念融入了德育课程,并与具体的事件或案例结合,将核心价值观演绎成生动有趣,能够焕发学生真实情感的教学内容,让学生在喜闻乐见的活动中体悟社会主义核心价值观,明确自身的责任担当。开发这些课程体现了时代的要求、教师的使命,也体现了润物细无声的教育功效,有益于学生价值观念、必备品格等诸多核心素养的发展。

三是直面学生发展的短板问题。为了一切学生的发展,这是我们重要的教育理念,但现实中教师们常常是注重学习成绩,对品德培养、人格养成等问题往往关心不够。而本书中专门创设了帮助学生德性发展的课程。特别是对"问题学生""多动症学生"等学校德育工作中的老大难问题,项目团队认真分析了这些问题的来龙去脉,并精心设计成课程,帮助指导教师引导学生;也包括为暂时落后学生和易被忽略的"中等学生"的转变和发展出谋献策,恰如其分地提出教育思路和具体的解决办法。如在"问题学生"的教育策略课程中,提出的教育和转化的四个基本策略是:与心同行、以情为伴、借机而为、倾力唤醒,四个基本思路是:理解和关爱、先改变自己、创设转化情境和向家长或同事寻求帮助等,比较适切地让老师们获取解决这类复杂问题具体的方略和举措。课程中还有一些当前颇为关注的领域,如家校沟通、团体心理辅导、青春期教育等,在本课程中都有项目组老师们探索、研究的经验和成果呈现。

四是适合不同学段教师的需求。全书编入了 32 个主题课程,涉及幼儿园、小学、初中、高中四个学段,反映出他们对德育工作的研究是从中小幼一体化的角度整体思考和安排的,遵循着不同年龄学生的发展特征,适合不同学段教师立德树人的教育教学需求,也满足了促进学生发展的需要。课程涵盖的面如此之广,采用以往集中式培训的方式是很难组织实施的。为此,项目组采用网络课程的方式,借助互联网平台提供线上自我学习。为了增强教师自我研修的实效,他们设计了有针对性的评价方式,如:在"初中阶段青春期个案辅导方法指导一'建立关系'"课程中,提出了有效的课程学习评价方式。在学习时间的安排上,课程强调自主参与,大部分课程可以在网上即收即学,给予教师充分的自我调节空间;在课程作业上,通过正确率的控制确保教师学得深入、学有成效;在学习成效上,课程模仿电脑游戏的"通关"设置,确保教师理解正确了才能进入下一阶段的学习。这些做法使得教师既有自我选择的空间,又能提高学习的实效。

德育历来受到重视，但长期以来给人们的一个印象就是琐碎、零散，抓不住重点、突不出要点。从本书的体例不难看出，项目组是经过理论研究和顶层设计的，从精心设计的条目中，可以让人感受到他们对德育章法的理解，也促使我们直面社会转型期德育工作的新挑战，促使我们更好地运用新时代中国特色社会主义新思想指导德育工作，加强德育工作的思想性、实效性和规律性研究。

秦红老师身为正高级教师，担任多届上海市学科德育实训基地主持人，她和大学教授、基地学员们共同开发的多门初中思想品德网络培训课程，在上海市教育研修平台上公开发布后广受欢迎，成为上海市网络研修精品课程。她所研制的“大中小德育课程一体化背景下教师学科育德能力的提升方略”课程，成为徐汇区“十三五”中小幼教师育德能力提升课程。在这次开发的32门精品课程纲要中，有十门已经研制成为区级精品德育微课程。我相信这次他们奉献的课程纲要也一定会受到广大教师的喜爱。

“互联网+”是一个信息互联互通的时代，“立德树人”是一个大命题，有很多的问题需要我们共同研究，需要更多的老师为之奉献智慧和力量。我佩服秦红老师及其团队的担当，也相信他们的水平、能力，能够引领老师们开展这些研究。期待有更多的老师围绕习近平总书记提出的“培养什么人？怎么培养人？为谁培养人？”，结合具体的教育教学实践，开发多维的培训课程，满足多元的育人需求，将更多的问题和解决问题的方案，通过“互联网+”的方式交流分享，共同促进“立德树人”这一教育人根本任务的有效实现。

倪志刚
徐汇区教育学院原副院长
正高级教师、特级教师

目　录

少 先 队

家 庭 教 育

"大中小德育课程一体化背景下教师学科育德能力的提升方略"课程纲要

一、课程背景

《上海市中小学教师专业(专项)能力提升计划》对教师的育德能力提出明确要求,要求教师不仅要提高师德修养水平,还要能根据学生的特点和学科的特点,开展有针对性的学科德育教学和学科德育活动,做学生健康成长的指导者和引路人。随着课改的推进,当今许多教师已经初步树立了育德意识,但是随着信息时代的到来,社会多元价值的呈现,学生对新事物的好奇,对新技术的掌握,对新知识的需求,许多教师跟不上时代的脉搏,难以完成传道授业解惑的使命与责任,显而易见,教师的育德能力普遍比较欠缺,这主要表现在以下三方面。

对德育课程的一体化内容体系不明确。在教育教学中,教师依然存在重智轻德的现象,对于学科三维目标的把握也有失偏颇,如比较注重知识与技能、过程与方法目标,而轻视情感态度价值观目标的达成。主要原因是缺乏对育德能力的内涵与指标体系的了解,缺乏对德育课程一体化内容的理解,因此对政治认同、国家意识、文化自信、人格养成的德育内容落实不到位,造成教学的有效性不尽如人意。

对于自身学科的德育资源挖掘不够。许多教师在教育教学实践中往往只能做到将书本上的知识教给学生,在各种教育资源挖掘上明显不足,如对学科育人价值内涵的挖掘有所欠缺、对学生的生活经验利用不足、对相关信息资源了解不多等。教学如果不能紧密联系学生生活、社会实际,教育的实效性和针对性就难以达成。

对育德方法的运用效果不明显。大多数教师对学生的身心特点和道德认知规律不熟悉，对当今各种媒介所传播的意识形态缺乏足够的敏感性，不能根据教育教学规律科学运用教学方法，因此，教学不能有的放矢地帮助学生辨析各种社会现象与问题，难以促进学生知、情、行、思、信协调发展。

因此，本课程是面对所有中小学教师开设的一门普适性课程，旨在引发教师反思教育教学中育德能力的现状与问题，基于问题分析成因，掌握育德能力提升的方法与策略，提升教学有效性。

二、课程目标

1. 通过教育现象的思考分析，了解教师在育德能力方面呈现的问题与成因，反思自己的教育教学行为。

2. 通过理论学习，知道育德能力的内涵与提升方略，把握“政治认同”“国家意识”“文化自信”“人格养成”四大育德目标的教育策略。

3. 通过案例学习，结合理论讨论教师在教育教学中所体现的育德能力水平，指出育德方法应用的成功之处和需要改进之处。

4. 通过实践反思，能运用所学理论知识改进自己的教育教学，并在教育教学中实施、反思与改进。

三、课程内容与安排

<table>
<tr><th>环节</th><th>学习目标</th><th>主要内容</th><th>学习方式</th><th>主持人</th><th>时长(共450分钟)</th></tr>
<tr><td rowspan="2">现象思考</td><td rowspan="2">通过微讲座及问题思考，知道教师在育德能力方面呈现的问题与成因。</td><td>一、对德育课程的一体化内容体系不明确
二、对于自身学科的德育资源挖掘不够
三、对育德方法的运用效果不明显</td><td>微讲座：PPT+个人讲解</td><td>林江</td><td>5分钟</td></tr>
<tr><td>作业：
反思自己的教育教学行为，结合自己的教学案例，写出一个相关问题。</td><td>完成作业</td><td>秦红</td><td>30分钟</td></tr>
</table>

（续表）

环节	学习目标	主要内容	学习方式	主持人	时长（共450分钟）
理论学习	通过观看专题讲座和自学文本材料，知道育德能力的内涵与提升方略，把握“政治认同”“国家意识”“文化自信”“人格养成”四大育德目标的教育策略。	一、育德能力的内涵与总体提升方略 （一）育德能力的内涵 （二）大中小德育课程一体化内容体系 （三）大中小德育课程一体化背景下教师学科育德能力的总体提升方略 1. 了解各大德育目标在本学科的教育内容中的分布，加强德育认知。 2. 充分挖掘本学科的德育资源，拓展德育途径。 3. 灵活运用育德方法，设计课堂教学和德育活动，提升德育效果。 二、以“发展道路”为例，谈“政治认同”教育的具体方略 （一）基本概念内涵界定 （二）“发展道路”分布内容 （三）“发展道路”教育现状 （四）“发展道路”教育对策 三、以“民族团结”为例，谈“国家意识”教育的具体方略 （一）基本概念内涵界定 （二）“民族团结”分布内容 （三）“民族团结”教育现状 （四）“民族团结”教育对策 四、以“时代精神”为例，谈“文化自信”教育的具体方略 （一）基本概念内涵界定 （二）“时代精神”分布内容 （三）“时代精神”教育现状 （四）“时代精神”教育对策 五、以“守法”为例，谈“人格养成”教育的具体方略 （一）基本概念内涵界定 （二）“守法”分布内容 （三）“守法”教育现状 （四）“守法”教育对策	微讲座：PPT+互动谈话	秦红、刘次林	（共60分钟） 10分钟 10分钟 10分钟 10分钟 10分钟 10分钟

（续表）

环节	学习目标	主要内容	学习方式	主持人	时长(共450分钟)
			自学		60分钟
		作业：选择题15题，判断题15题。	完成作业	秦红	40分钟
案例分析	通过观摩课例、运用所学理论分析相关案例，反思自己育德方法应用的成功之处和不足之处，提升自身的育德能力。	六个案例分析。	案例学习：六个视频案例+PPT+互动谈话	秦红	由学员选择观看，每个案例45分钟
		讨论议题： • 结合上传课例讨论教师在教育教学中所体现育德能力水平，指出育德方法应用的成功之处和不足之处。 • 结合日常工作谈谈本学科育德资源的挖掘经验和体会。	观摩课例 网上互动研讨	秦红	45分钟 45分钟
		作业：选择题20题。	完成作业	秦红	30分钟
实践反思	能运用所学理论知识改进自己的教育教学设计并对其中育德能力的呈现加以说明。	作业： 提交一份教育教学活动设计片断，并对其中育德能力的呈现加以说明(字数不少于300字)。	完成作业	秦红	45分钟
		网上互动： 阅读至少3份其他学员的作业，并发表评论。	发表评论	秦红	45分钟

四、课程评价

（一）评价内容与方式

课程学习时间考核，教师全程参加网上课程学习，观看讲座、课例、评析等录像，至少连续完成80%的视频观摩时间。

课程作业考核，每个环节客观题正确率达到60%及以上方可继续下一环节的学习，否则须重新进行该环节的学习；主观题可采用评议、点赞、讨论等手段评阅，主讲教师对优秀作业进行置顶展示与加分。

课程效果反馈,学员在课程结束后,在线填写《“大中小德育课程一体化背景下教师学科育德能力的提升方略”网络课程效果反馈调查表》。

(二) 课程作业

课程采用“通关”的评价形式,考察学员在课程各个环节中学习目标的达成度,即学员须完成每一个环节的评价任务并达到一定正确率,方能进入下一阶段的学习,全部“通关”后,达成课程目标。

作业采用客观题和主观题两种形式。(1)现象思考环节有5道选择题和5道判断题,每题1分,共10分;呈现若干现象分析结果的答案供选择,考查学员是否针对该现象进行了思考。(2)理论学习环节有15道选择题和15道判断题(共30题),每题1分,共30分,考查学员是否掌握了理论学习的要点和重点。(3)案例分析环节有20道选择题,每题1分,共20分;提供若干案例分析结果的答案供判断、选择,考查学员是否能够用理论分析实际问题。三个环节中所有客观题相加后的总分值是60分。(4)实践反思作业的目的是考查学员是否能用学习到的理论指导并解决实践问题。要求学员提供初始作业(如教学设计方案、专题讲稿、实践作品等)1份,基于实践的作业修改稿1份(如修改后的教学设计、讲稿或实践作品),分值为40分,每个环节按完成度计各15分,完成质量为10分。

(三) 课程效果反馈

对学员课程满意度进行调查来反馈课程实施效果。学员在课程结束后,利用研修平台的在线评价功能和课程效果反馈表,对课程的主题、内容和效果等进行评价。

《“大中小德育课程一体化背景下教师学科育德能力的提升方略”网络课程效果反馈调查表》

1. 请您在相应的等级上画圈“○”(提示:按五级评价,5代表最好,1代表最差)。

专题或活动	主题的针对性	内容的适切性	效果的满意度
1. 报告与研讨	5—4—3—2—1	5—4—3—2—1	5—4—3—2—1
2. 课例及分析	5—4—3—2—1	5—4—3—2—1	5—4—3—2—1

（续表）

专题或活动	主题的针对性	内容的适切性	效果的满意度
3. 集体教研	5—4—3—2—1	5—4—3—2—1	5—4—3—2—1
4. 自主学习(作业)	5—4—3—2—1	5—4—3—2—1	5—4—3—2—1

2. 您是否清楚此次研修课程的目标？

A. 非常清楚　　B. 比较清楚　　C. 不太清楚　　D. 完全不清楚

3. 您认为最有效的课程形式是？

A. 专题报告　　B. 案例分析　　C. 互动研讨　　D. 自主学习

4. 您认为需要进一步加强的课程内容是哪一部分？

A. 理论知识　　B. 学科知识　　C. 实践内容

5. 您对本次研修课程的设计与安排是否满意？

A. 很满意　　B. 满意　　C. 一般　　D. 不满意

6. 对于本次研修,您有何改进建议？

____

____

徐汇区教育学院　秦　红

上海市田林中学　林　江

班级管理

“提升教师对‘中等生’关注度的方法指导”课程纲要

一、课程背景

“中等生”是我们教育教学中的一个重要群体。所谓“中等生”,通常指那些学习上处于中等水平,而品行等方面又表现平平的学生。抓好“中等生”的教育和心理辅导,对班集体的建设起着至关重要的作用,能大面积提高教育质量。但现实的情况是,我们的广大教师大都把工作的重心放在对“优等生”的精心培养和对“差生”的转化上,而占班级绝大多数的“中等生”却常常是被遗忘的群体,他们成了教师开展学生思想教育工作的“盲点”。由于长期得不到教师的鼓励和表扬,他们缺乏继续前进的动力,久而久之,必然带来“中等生”一系列的心理问题,也会给班级管理带来十分不利的影响。

既然教育的目的是面向全体学生的全面发展,那么在当前阶段,转变教育观念,提升教师对“中等生”的关注度,使每个学生都得到阳光照耀而健康发展,从而全面推进素质教育,这是我们教育工作者需要认真探讨的问题。本课程从加强教师专业素养着手,通过现象思考、理论学习、案例分析、实践反思等环节,针对“中等生”的心理发展规律,指导教师运用一些心理学知识和有效的方法提升对“中等生”的关注度,激发“中等生”的主观能动性,促进班集体的整体优化。

二、课程目标

1. 通过现象分析,反思教师在“中等生”教育中存在的一些问题。

2. 通过理论学习和聆听讲座,认识到忽视“中等生”的教育对班级产生的不良影响,指导教师运用一些心理学知识和有效的方法提升对“中等生”的关注度。

3. 通过案例分析,学会运用所学理论知识和有效的方法来指导实践,激发“中等生”的主观能动性,促进班集体的整体优化。

三、课程内容与安排

<table>
<tr><th>环节</th><th>学习目标</th><th>主要内容</th><th>学习方式</th><th>时长(共330分钟)</th></tr>
<tr><td rowspan="3">现象思考</td><td rowspan="3">通过现象分析,反思教师在“中等生”教育中存在的一些问题。</td><td>现象思考:
• 在一学期两次的班主任工作交流会上,交流的话题大多是如何培养“尖子生”,如何转化“差生”。而对占班级大多数的“中等生”的教育,却很少有教师涉及。
• “我们应该就是老师眼中的中等生吧,老师平时对我们的关注很少,只有在开展活动时才会想起我们”,“我常常发现,能主动与老师谈谈心、说说笑笑的大多是‘两头’的学生,而老师给予我们‘中等生’的关注太少了”……“优等生”备受重视,“后进生”备受关怀,“中等生”无人理会。这是某报记者走访几所中小学后发现的普遍存在的现象。</td><td>现象思考</td><td>10分钟</td></tr>
<tr><td>作业:请根据以上两个现象思考,影响教师对“中等生”关注度的因素有哪些?</td><td>讨论</td><td>5分钟</td></tr>
<tr><td>影响教师对“中等生”关注度的因素有:
• 受传统教育观念的影响,教师们普遍认为,“中等生”性格温和、听话,存在的学习问题和纪律问题相对较少,不像“后进生”那样要时刻关注他们的行为和心理问题,他们是各方面发展较为稳定的学生群体,因而可以给予较少关注,可以适当地放松对他们的管理。
• 在以升学为指挥棒的评价体系中,班主任们普遍认为,只要提高了班级“尖子生”的比例(即我们平时常说的重点率),就能提高班级和学校的声誉;减少班级的“差生”的比例,就能提升班级的平均分,因此把注意力过多地放在“优等生”和“后进生”身上,致力于提优补差。
• 广大教育者们还没有充分意识到“中等生”群体对一个班级整体实力提高的重要性,未重视这一群体优化的价值和意义。</td><td>现象分析</td><td>15分钟</td></tr>
</table>

（续表）

环节	学习目标	主要内容	学习方式	时长(共330分钟)
理论学习	通过理论学习和聆听讲座,认识到忽视"中等生"的教育对班级产生的不良影响,指导教师运用一些心理学知识和有效的方法提升对"中等生"的关注度。	一、忽视"中等生"的教育管理对班集体建设产生的影响 (一) 造成"中等生"的心理失衡 (二) 造成师生间、生生间的心理隔阂 (三) 造成班级学习竞争力整体下降 (四) 造成班级集体荣誉感的涣散	微讲座	20分钟
		二、提升教师对中等生关注度的方法指导 (一) 端正看法,给予积极的期望 (二) 加强沟通,架起心灵的桥梁 1. 多欣赏接纳,少批评。 2. 多换位思考,少说教。 3. 多文字交流,少面谈。 (三) 挖掘才能,创造展示的机会 1. 组织特长展示活动。 2. 实行班委轮换制。 (四) 因材施教,获取成功体验 1. 目标分解法。 2. 分层指导法。 3. 榜样激励法。	微讲座	40分钟
		• 班华、王正勇主编《高中班主任》中相关内容 • 百度文库中"中等生教育"的相关内容 •《中小学心理健康教育》杂志 •《走向德育专业化》	自学	60分钟
		作业:判断正误。 1. "中等生"性格温和,听话,不像"后进生"那样存在纪律问题,因而可以给予较少关注,可以适当地放松对他们的管理。( ) 2. 罗森塔尔效应告诉我们"教师期望与学生智力发展有紧密的联系"。( ) 3. "换位思考"的教育方式告诉我们教师应多站在学生的角度看问题,承认其想法和情绪体验的合理性,然后寻求沟通的契合点,建立起师生之间的相互信任和理解。( ) 4. 班主任在进行班级管理时,既要"抓两头带中间",也要"抓中间促两头"。( ) 5. 榜样激励法只适用于对"后进生"的教育,对"中等生"无效。( )	完成作业	10分钟

（续表）

环节	学习目标	主要内容	学习方式	时长(共330分钟)
案例分析	通过案例分析,学会运用所学理论知识和有效的方法来指导实践,激发"中等生"的主观能动性,促进班集体的整体优化。	案例1:晚自修纪律谁来维护? 案例2:一位中等生的变化。	案例分析	20分钟
		讨论议题: • 根据前面的理论学习,请大家针对案例1中张老师班级出现的情况作一些讨论和分析。如果你是张老师,面对"中等生"的集体罢工,你会采用哪些措施改变这种现状? • 根据前面的理论学习,请大家分析一下案例2中教师在A同学出现问题时采取的教育方式哪些是有效的,哪些是无效的?你会怎么做?	讨论	40分钟
		作业:结合实践,谈谈你在关注"中等生"的过程中还遇到过哪些问题和困惑?	完成作业	10分钟
实践反思	运用所学进行实践。	作业: 提交一份案例,针对本班级的实际情况,根据本课程所学内容提交一份促进"中等生"进步的教育案例。	完成作业	60分钟
		网上互动: 观看至少3份其他学员的作业,并围绕运用心理学知识提升教师对"中等生"关注度的要求发表评论。	讨论	40分钟

四、课程评价

（一）评价内容与方式

课程学习时间考核,教师全程参加网上课程学习,观看讲座、案例、评析等视频,至少连续完成80%的视频观摩时间。

课程作业考核,分为客观题和主观题两种形式。客观题采用辨析的形式考查学员是否掌握了理论学习的重点。主观题采用讨论发言、案例撰写的形式,考察学员对班级管理中"中等生"问题思考的深度以及将所学知识应用于实践的能力。主讲教师对优秀作业进行置顶展示与加分。

课程效果反馈,学员在课程结束后,在线填写《"提升教师对'中等生'关注度的方法指导”网络课程效果反馈调查表》。

（二）课程作业

作业采用客观题和主观题两种形式。

1. 现象思考环节有1道讨论题，共10分，考查学员是否针对“中等生”被忽视的现象进行了思考，根据思考程度的深浅将评分设置为10、8、6分三个等级。

2. 理论学习环节有5道判断题，每题2分，共10分，考查学员是否掌握了理论学习的重点。

3. 案例分析环节有2道讨论题和1道作业题，每题10分，共30分，考查学员是否能够用所学心理学、教育学的理论分析班级“中等生”存在的一些实际问题。根据思考程度的深浅将评分设置为10、8、6分三个等级。

4. 实践反思作业的目的是考查学员是否能用学习到的理论指导并解决实践问题。要求学员提供基于实践的教育案例作业一份，总分为40分。若教师能充分利用所学理论知识指导实践并提出建设性意见，评价分为优秀（36—40分）；若教师能充分利用所学理论知识指导实践但未能提出更好的建议，评价分为良好（32—35分）；若教师能基本利用所学理论知识指导实践，则评价分为（28—31分）；只要提交了作业都给予及格分（24—27分）。另外，网上互动作业为10分。

（三）课程效果反馈

对学员课程满意度进行调查来反馈课程实施效果。学员在课程结束后，利用研修平台的在线评价功能和课程效果反馈表，对课程的主题、内容和效果等进行评价。

《“提升教师对‘中等生’关注度的方法指导”网络课程效果反馈调查表》

1. 您是否清楚此次研修课程的目标？

A. 非常清楚　　B. 比较清楚　　C. 不太清楚　　D. 完全不清楚

2. 您认为培训中的“中等生”个案是否贴近您所带班级的情况，有一定代表性？

A. 很有代表性　　B. 一般，较有代表性

C. 属于个案，没有代表性

3. 通过培训，你是否对班级“中等生”的心理特征有了进一步的了解？

A. 非常了解　　B. 基本了解　　C. 不了解

4. 通过培训,你是否掌握了激发“中等生”主观能动性的一些方法?

A. 完全掌握　　B. 基本掌握　　C. 未掌握

5. 您认为本课程中最有效的课程形式是?

A. 专题报告　　B. 案例分析　　C. 互动研讨　　D. 自主学习

6. 您认为需要进一步加强的课程内容是哪一部分?

A. 专题报告　　B. 案例分析　　C. 互动研讨　　D.实践内容

7. 您认为本次研修课程对您的班级工作开展有帮助吗?

A. 很有帮助　　B. 一般　　C. 没有帮助

8. 您对本次研修课程的设计与安排是否满意?

A. 很满意　　B. 满意　　C. 一般　　D. 不满意

9. 对于本次研修,您有何改进建议?

____

____

上海市位育中学　蒋淑莲

“问责制——高中班干部评价机制”课程纲要

一、课程背景

教育部《中小学班主任工作规定》中第九条规定：认真做好班级的日常管理工作，维护班级良好秩序，培养学生的规则意识、责任意识和集体荣誉感，营造民主和谐、团结互助、健康向上的集体氛围，指导班委会和团队工作。一个优秀的班集体，最明显的体现是学生归属感的认同。这份归属感，除了表现班主任的管理水平外，还在于拥有一支出色的班干部团队和由此产生的集体氛围。他们能自主管理好班级事务，体现自身管理组织能力，展示自身对规则、责任的理解和践行品质，使得班集体优秀出众，并成为每个学生的心灵家园。

高中阶段的孩子在身心发展上日趋成熟和稳定，一切问题既是以“自我”为核心展开的，又是以解决好“自我”这个问题为目的的。这种主观上的需求使得高中生的自我意识获得高度的发展。因此，在班集体的建设中，学生成为当之无愧的主角，其中，班干部队伍的建设是重要的支点。很多时候，班主任把班干部的培养更多放在如何遴选、如何指导等方面，更多时候这实质上可能还是班主任意志的体现。从一定程度上看，学生的能力得到展现和提高，但从深远的意义上来看，学生还缺少一些真正的干部意识和责任意识。

班干部，是学生团队中拥有特殊身份的群体，这种特殊不仅是因为他们拥有不同于普通学生的角色，还在于可以拥有这种角色所代表的权力。因此，从班干部的培养意义上来说，班主任不仅要让他们发挥权力的效用，还要使之认识权力带来的责任，做到权责对等。

由此，本课程根据目前班干部评价机制上存在的问题，以及相关研究的空白之处，结合教育实践，开设“问责制——高中班干部评价机制”课程。希望通过这个课程使得班主任对班干部评价能有一个新的认识和思考，针对自身班级干部评价上的理念和做法有科学而系统的设计和操作，从而对学生的成长有真正的持久的影响。

二、课程目标

1. 通过现象思考，让教师认识到完善班干部评价机制的重要性。

2. 通过案例分析、观摩教学等对班干部评价中问责制的价值和意义形成共识，对班主任评价班干部能力的方法构建有启示作用。

3. 通过研讨和学习，体悟班干部评价中问责制的实施过程，从而明确班干部评价在班干部发展上的必要性，并设计班主任对班干部管理的评价机制。

三、课程内容与安排

环节	学习目标	主要内容	学习方式	时长(共400分钟)
现象思考	通过现象思考班干部评价有哪些不足之处。	一、班干部任职上的现象 （一）班干部履职上出现的问题 （二）班主任在班干部管理上的烦恼	观看视频	5分钟
		二、班干部评价中出现的问题 （一）评价缺乏系统性、连续性 （二）评价机制单一或不成体系 （三）评价缺乏对干部的能力促进	课堂实录PPT+画外音	10分钟
		讨论： • 班干部是否需要评价？ • 列举班干部评价中的常见做法。	讨论	20分钟
		三、审视自我、反思自身班干部评价上的做法 （一）概括班干部评价的考核内容 （二）分析班干部评价的意义	讨论学习PPT+画外音	15分钟
		作业：设计高中生班干部评价内容。	完成作业	10分钟

（续表）

环节	学习目标	主要内容	学习方式	时长(共400分钟)
理论学习	通过理论学习,了解问责制实施的原则和方法,以及实施的过程。	一、班干部问责制的含义和意义 （一）问责制的由来 （二）班干部问责制的含义 对学生承担职责以及履行情况的跟踪测评,既是对产生否定性后果的一种追责,也是对班干部工作良好效果的一种评价。 （三）班干部问责的意义 1. 问责制有效促进学生干部的规则意识和责任意识。 2. 问责制有效提升学生干部的民主意识和参与意识。 3. 问责制有效促进班级自主管理机制的完善。	课堂实录 PPT+ 画外音	20分钟
		二、班干部问责制在高中阶段实施的心理基础 （一）意志动机的主动性、目的性增强 （二）性格特征趋向稳定、成熟,可塑性大 （三）动机层次提高 （四）自我意识进一步增强	课堂实录: PPT+ 画外音	20分钟
		讨论议题: 班干部问责制所需要素?	分析讨论	10分钟
		三、班干部问责制的原则和方法 （一）原则 1. 权责一致的原则。 2. 公平公正的原则。 3. 问责与整改相结合的原则。 4. 教育与处罚相结合的原则。 5. 一切为了班干部思想、精神、修养发展和提升的原则。 （二）方法 1. 制度体系。 2. 监督体系。 3. 评价主体。 4. 奖惩措施。	课堂实录: PPT+ 画外音	20分钟

（续表）

环节	学习目标	主要内容	学习方式	时长(共400分钟)
理论学习		四、班干部问责制的实施过程 （一）问责方式 1. 过程性问责。 2. 结果性问责。 （二）问责手段 1. 调查问卷。 2. 集体评议。 3. 教师打分相结合。 （三）问责周期 1. 即时性问责。 2. 阶段性问责。 3. 学期性问责。 （四）问责过程 1. 过程性问责:找出问题症结,明确责任主体,问询实施过程,着重于问责后的改进措施。 2. 结果性问责:厘清事件过程,明确责任归属,确定担责个体,按照分工进行适当奖惩。 （五）问责结果 1. 给予被问责人申述和改过的权利。 2. 实行适度的奖惩措施:班干部待岗学习、班干部留任查看等。	课堂实录 PPT+ 画外音	20分钟
		文本:问责制的由来、问责制的内涵。	自学	20分钟
		作业:案例研讨:学习委员工作的问责。	完成作业	40分钟
案例分析	通过聆听讲座、观摩教学实例,感受问责制对于高中班干部评价的必要性。	案例呈现:班级钱财被盗。	课堂实录: PPT+ 画外音	10分钟
		案例分析:责人还是责己?	课堂实录 微讲座	50分钟
		作业:针对班级管理的一个问题,设计一个问责的案例。	完成作业	40分钟
		扩展阅读:案例“学习委员关于早晨收交作业的问责”。	自学	10分钟

（续表）

环节	学习目标	主要内容	学习方式	时长(共400分钟)
实践发现	通过实践和总结确立自己班级干部的评价机制。	作业： • 设计关于班干部评价采用问责制的调查问卷。 • 明确班干部评价上被问责的内容。 • 构建班干部评价中问责制的制度体系：如班干部岗位制度、班干部岗位轮换制度、班干部岗位监督制度、班干部问责程序等。 • 对本次课程培训的总结及反思。	完成作业	80分钟

四、课程评价

（一）评价内容与方式

时间考核，学员全程参加网上课程学习，观看关于“问责制——高中班干部评价机制”的讲座、课例、评析等录像，至少连续完成80%的视频观摩时间。

作业考核，学员要完成规定课时的讨论和作业，包括过程性作业和课程结束的综合作业，主讲教师对优秀作业进行置顶展示与加分。

效果反馈，学员在课程结束后，在线填写《“问责制——高中班干部评价机制”德育微课程效果反馈调查表》。

（二）课程作业

课程的评价注重过程性评价，因此，学员必须完成每个环节的学习任务，并达到一定的合格率，才能继续下一阶段的学习，最终达成课程目标。

作业分在线讨论和主观试题作业两种形式。学员必须在规定时间内完成相关学习内容的讨论，以考查学员对该问题的思考，该环节20分。主观试题有班干部评价内容的设计，主要考查学员对班干部管理的理念及思路；班级管理中的问责案例的撰写，考查学员是否理解了问责制的内涵；问责制所需要素的作业设计，是对学员关于问责制学习的启发；案例分析，是对学员理论和实际结合应用的考查。这一环节50分。实践反思的作业是考查学生的实际应用能力，学员在学习本课程后能对班级班干部的考核任用有新的认识，并通过班级班干部评价制度的设计来反馈学习效果。这一环节30分。

（三）课程效果反馈

通过对教师课程满意度进行调查来反馈课程实施效果。学员在课程结束后，利用研修平台的在线评价功能和课程效果反馈表对课程的主题、内容和效果等进行评价。

《“问责制——高中班干部评价机制”德育微课程效果反馈调查表》

1. 您是否清楚此次研修课程的目标？

A. 非常清楚　　B. 比较清楚　　C. 不太清楚　　D. 完全不清楚

2. 请您对以下活动形式的效果进行评价，在相应的等级上画圈“○”（提示：按五级评价，5代表最好，1代表最差）。

活动形式	主题的针对性	内容的适切性	效果的满意度
1. 案例分析	5—4—3—2—1	5—4—3—2—1	5—4—3—2—1
2. 问责制理论解读	5—4—3—2—1	5—4—3—2—1	5—4—3—2—1
3. “责人还是责己”主题班会	5—4—3—2—1	5—4—3—2—1	5—4—3—2—1
4. 实践发现	5—4—3—2—1	5—4—3—2—1	5—4—3—2—1

3. 您认为需要进一步加强的课程内容是哪一部分？

A. 现象思考　　B. 理论学习　　C. 案例分析　　D. 实践发现

4. 您对本次研修课程的设计与安排是否满意？

A. 很满意　　B. 满意　　C. 一般　　D. 不满意

5. 对于班干部评价的德育微课程，您有何改进建议？

____

____

上海市中国中学　蒋凌雪

“初中学生自主管理班级模式建立及方法指导”课程纲要

一、课程背景

班级是学校教育教学工作的基层组织,对学生品格形成与能力培养具有举足轻重的作用。班级管理是一项特殊的主体性实践活动,班主任应善于引导学生“激发自我管理潜能、养成自我管理习惯”;班主任在班级管理中应做到“彰显个性、凸显特色、探索方法、提升能力”。

在班主任管理实践过程中,我校许多班主任都在班级管理建设与学生自主性作用发挥方面进行了有益的探索和尝试。经由专家指导与项目参与教师的积极思考、实践反思,我们积累了不少经验并形成了初步的操作范式和基本策略。

本课程从初中学生自主管理班级模式建立及方法指导出发,通过讲座、案例分析、网络互动研讨等形式,指导班主任发现并总结学生自主管理班级潜能激发的具体方法及有效途径。

二、课程目标

1. 通过现象思考,引导班主任发现班级管理中出现的问题,反思分析造成这些问题的具体原因。

2. 通过聆听讲座、案例分析等形式,引导班主任了解学生自主管理班级模式建立及运用的具体流程及要求,掌握基本方法,明确其在当前教育形势下的重要性和必要性。

3. 根据班级实际情况,结合具体案例,引导班主任思考如何有效激发初中学生自主管理班级的潜能,总结形成具体方法。

三、课程内容与安排

环节	学习目标	主要内容	学习方式	时长(共450分钟)
现象思考	通过案例,发现与反思班主任在班级管理中出现的问题。	发现班主任在班级管理中出现的问题。 在班级管理过程中,通常会出现这样两种类型的班主任: 一种是“忙自己”的班主任。这类班主任对班级事务,事无巨细,亲力亲为。小到学生出勤,大到策划各种活动,无不全程参与。这类班主任虽然每天都忙忙碌碌,可是班级学生却未必买账,班级不是不够活跃,就是状况不断。 另一种是“忙学生”的班主任。这类班主任看起来比较悠闲,他们不常进班,也不太管学生,处理班级事务也只是寥寥几句提示。可是班级学生却很忙,每个学生都有事情要做,然而班级状态却是忙而不乱、秩序井然。班级学生不仅知道什么时候该干什么事情,还清楚知道什么事情该怎么干,忙得不亦乐乎。	案例学习(案例分析):PPT+画外音	45分钟
		作业: 结合案例谈谈你在班级管理过程中遇到的困惑及解决方法。	完成作业	45分钟
理论学习	通过聆听讲座、阅读书籍等方式,了解学生自主管理班级模式,并明确其在当前教育形势下的必要性和重要性。	学生自主管理班级的必要性与重要性。 长期以来,统一化、标准化的班级管理模式在某种程度上忽视了学生主体作用的发挥。素质教育的根本目的是使学生实现自我教育、自我管理和自我发展,因此,探索学生主体性作用发挥的管理模式势在必行。 在班级管理中应充分发挥学生主体性作用,做到以生为本、激发潜能,挖掘学生自我管理才能,有效优化并达成班级管理目标。	PPT+画外音	20分钟

（续表）

环节	学习目标	主要内容	学习方式	时长(共450分钟)
理论学习		书籍推荐： 魏书生《班主任工作漫谈》	自学	45分钟
		作业： 谈谈阅读《班主任工作漫谈》的体会感悟。	完成作业	45分钟
案例分析	通过观摩实例，了解学生自主管理班级模式建立及运用的具体流程及要求，掌握基本方法。	一、普通学生参与班级管理潜能激发 以如何激发普通学生参与班级管理潜能为案例具体说明班主任指导学生参与班级自主管理模式建立的具体流程及要求。 （一）讨论制定班规班约，形成班级共同评价标准 （二）优化班级管理模式，重视学生主体性作用的发挥 二、班干部自主管理班级能力的培养 以如何培养班干部自主管理班级能力为案例具体说明班主任指导学生参与班级自主管理模式建立的流程及要求。 （一）施行班干部轮岗制度，激发学生管理潜能 （二）巧用班务日记制度，提升班干部自主管理能力 三、学生自主管理班级模式建立的注意事项 学生自主管理班级并不等于班主任撒手不管、放任自流。学生的自主管理应当在班主任的指导教育下有序进行。 班主任应当创设良性循环竞争氛围，促进班级学生和谐发展。班主任可通过各种方法激发学生参与班级管理的兴趣，教会学生参与班级管理的方法，形成适合本班学生成长的班级管理机制。 班主任应当组织开展丰富多彩的班级活动，以活动为载体，提升学生的自主管理能力，以使班级成为充分发挥学生自主性、能动性、创造性的平台，使学生成为班级真正的主人，主动参与班级的发展建设。	案例学习：PPT＋画外音	100分钟

（续表）

环节	学习目标	主要内容	学习方式	时长(共450分钟)
案例分析		作业： 10道选择题,5道辨析题。	完成作业	30分钟
实践反思	运用所学进行实践。	作业： • 提交一份困惑思考 谈谈目前学生参与班级自主管理存在的问题及原因分析。 • 提交一份案例 提交一份如何有效激发班级学生参与班级自主管理的完善案例。	完成作业	60分钟
		网上互动： 观看至少3份其他学员的作业,并围绕如何有效激发学生自主管理班级潜能发表评论。	讨论	60分钟

四、课程评价

（一）评价内容与方式

课程学习时间考核,教师全程参加网上课程学习,观看讲座、案例、评析等视频,至少连续完成80%的视频观摩时间。

课程作业考核,主观题可采用评议、点赞、讨论等方式评阅。

课程效果反馈,学员在课程结束后,在线填写《"初中学生自主管理班级模式建立及方法指导"课程效果反馈调查表》。

（二）课程作业

考察学员在课程各个环节中学习目标的达成度,即学员须完成每一个环节的评价任务并达到一定的正确率,60分以上合格后,达成课程目标。

作业采用客观题和主观题两种形式。(1)现象思考环节有1道主观题(共15分),结合案例谈谈你在班级管理过程中遇到的困惑及解决办法。考查学员是否针对该现象进行了思考。(2)理论学习环节有1道主观题(共15分),考查学员是否掌握了理论学习的重点。(3)案例分析环节有10道选择题,每题3分,共30分;5道辨析题,每题2分,共10分。提供若干案例分析结果的答案供判断、选择,考查学员是否能够用理论分析实际问题。(4)实践反思作业的目的是考查学员是否能用学习到的理论指导并解决实践问题。要求学员提供基于实践的案例作业 1 份、困惑思考 1 份,网上互动,分值共 30 分。

(三) 课程效果反馈

对学员课程满意度进行调查来反馈课程实施效果。学员在课程结束后,利用研修平台的在线评价功能和课程效果反馈表,对课程的主题、内容和效果等进行评价。

《"初中学生自主管理班级模式建立及方法指导"课程效果反馈调查表》

1. 请您在相应的等级上画圈"○"(提示:按五级评价,5 代表最好,1 代表最差)。

专题或活动	主题的针对性	内容的适切性	效果的满意度
1. 现象思考	5—4—3—2—1	5—4—3—2—1	5—4—3—2—1
2. 理论学习	5—4—3—2—1	5—4—3—2—1	5—4—3—2—1
3. 案例分析	5—4—3—2—1	5—4—3—2—1	5—4—3—2—1
4. 实践反思	5—4—3—2—1	5—4—3—2—1	5—4—3—2—1

2. 您是否清楚此次研修课程的目标?

A. 非常清楚　　B. 比较清楚　　C. 不太清楚　　D. 完全不清楚

3. 您认为最有效的课程形式是?

A. 现象思考　　B. 案例分析　　C. 理论学习　　D. 实践反思

4. 您认为需要进一步加强的课程内容是哪一部分?

A. 理论知识　　B. 案例分析　　C. 实践内容

5. 您对本次研修课程的设计与安排是否满意?

A. 很满意　　B. 满意　　C. 一般　　D. 不满意

6. 对于本次研修,您有何改进建议?

____

____

上海市田林第三中学　宋娟娟

“将友善内化于心、外化于行”课程纲要

一、课程背景

党的十八大以来,“友善”被确定为社会主义核心价值观之一,在全社会倡导。《中小学德育工作指南》中指出,要始终坚持育人为本、德育为先,大力培育和践行社会主义核心价值观,以培养学生良好思想品德和健全人格为根本,以促进学生形成良好行为习惯为重点。

为了使“友善”教育真正落细、落小、落实,走进孩子们的心灵,学校如何更好地开展工作,显得尤为重要。因为友善既是个人的美德,也是重要的公民道德规范,更是维系和谐校园的重要纽带。

初中学生正处于青春期阶段,在人际交往方面,既渴望结交朋友,又容易和朋友甚至老师、家长闹矛盾。内心情绪情感日渐丰富的他们,由于家庭教育的不适当、家庭温暖的匮乏、学校老师与同学间的误会等,都会使他们在成长的过程中累积一定的消极情绪,却又找不到合理的宣泄渠道,从而造成种种问题。老师们在与学生的交流和教育过程中也发现,随意接话、以自我为中心、推卸责任、恶意开玩笑、乱起绰号等都是学生与学生交往中时常出现的情况,而这些问题都是学生互助互爱、待人友善的意识淡薄所致。

由此,本课程根据目前中学生的心理特点,以及普遍存在的问题,利用学校心理教师团队的各项资源,将社会主义核心价值观中的友善教育有机地结合,开展各项德育教育网络微课程。希望通过这些德育课程,让各位培训学员在引导学生友善待人的人际交往教育中,让学生做到将友善内化于心、外化于行,能有一个新的认识和思考,使得“友善”教育真正落细、落小、落实,走进孩子们的心灵。

二、课程目标

1. 通过现象思考，总结并梳理出当今初中学生在人际交往中出现了哪些问题，这些问题最终造成不友善行为的原因。

2. 通过聆听讲座、观摩教学实例，知道与人交往中友善待人的重要性和必要性，了解不同情境下友善待人的方法运用，并掌握合理宣泄消极情绪的方法和有效沟通的基本方法。

3. 通过观摩实例，掌握引导学生友善待人，将友善内化于心、外化于行的具体教育方法。

三、课程内容与安排

环节	学习目标	主要内容	学习方式	时长（共430分钟）
现象思考	通过现象思考，总结并梳理出当今初中学生在人际交往中出现了哪些问题，这些问题最终造成不友善行为的原因。	案例视频播放： 案例1《生生之间的冲突》 案例2《师生之间的冲突》	案例学习（案例视频片段分析）：PPT + 画外音	10分钟
		一、中学生人际交往中出现的问题 （一）缺乏情绪认知能力 （二）缺乏调控情绪的方法 （三）缺乏沟通能力 二、思考初中学生人际交往中出现问题并最终造成不友善行为的原因 （一）处于青春期的学生们，渴望被周围人关注、认可，情绪起伏波动较大 （二）在与人交往中，很少站在对方立场去思考问题，缺乏彼此的尊重 （三）人际交往中遇到问题时，或选择逃避，或急于灌输自己的观点而忽略良好的沟通 （选自有关《情绪控制》《尊重》《如何沟通》教学案例说明。）	微讲座：PPT + 画外音	30分钟

（续表）

环节	学习目标	主要内容	学习方式	时长（共430分钟）
现象思考		作业：初中学生在平时的人际交往中到底会出现哪些问题？产生这些问题的原因又是什么？	完成作业	30分钟
理论学习	通过聆听讲座、观摩教学实例，知道与人交往中友善待人的重要性和必要性，了解不同情境下友善待人的方法运用，并掌握合理宣泄消极情绪的方法和有效沟通的基本方法。	一、理解并掌握人际交往中互相尊重的方法 1. 要学会欣赏他人。 2. 要有“三人行，必有我师”的良好心态。 3. 要学会使用常用的文明用语。 4. 不说脏话、粗话。 5. 别人在学习、工作和休息时，我们尽量做到不打扰。 6. 要讲究仪表和言行举止。	微讲座	10分钟
		二、了解并掌握自我情绪的调试方法 1. 了解什么是情绪。 主要分为积极情绪、消极情绪。 2. 为什么要控制情绪？ 3. 如何控制情绪？ 知道情绪控制的方法，可结合学校现有各心理教育资源。	微讲座	20分钟
		三、有效沟通中正确的倾听技巧 例如：《九种增进倾听的沟通方法》	微讲座	10分钟
		四、有效沟通中友善表达的方法 例如：《友善表达的五要二不要》	微讲座	10分钟
		•《18个古今中外感人的友善宽恕故事》文本稿 • 了解《关于诺丁斯关怀理论》 • 观看《解读社会主义核心价值观——友善》公益视频 •《当孩子遇到不顺利，需要让他们学会表达愤怒与悲伤》网络资源	自学	40分钟
		作业：客观题（选择判断）10题。	完成作业	40分钟

（续表）

环节	学习目标	主要内容	学习方式	时长（共430分钟）
案例分析	通过观摩实例，掌握引导学生友善待人内化于心、外化于行的具体方法。	介绍几种引导学生友善待人德育微课程的形式 引导学生人际交往友善待人的德育微课程的形式有很多，今天我们主要介绍以下三个形式：数字故事案例分析、小组讨论交流式、情境表演式。	案例学习：视频案例+PPT+画外音	10分钟
		一、数字故事式活动案例 （一）讨论议题 如何引导学生客观看待问题，内省自我，由心表达？ （二）案例呈现：《篮球课之后》	课堂实录 案例学习：案例+PPT+画外音	10分钟
		（三）案例分析《你会怎样处理你的消极情绪》	课堂实录 微讲座	20分钟
		二、小组讨论交流式案例 （一）讨论议题 如何能让学生在人际交往中感受换位思考？ （二）讨论交流主题：“请你听我说” 下面我们来做这样一个活动，请大家用心体会活动中的感受。 1. 规则要求：A任务的同学向B任务的同学诉说一件自己很难忘或者最喜欢的一个兴趣爱好，而B任务的同学可以随意打断A任务的同学的说话，或者表现出自己不愿意听下去的行为等。 2. 讨论分享： ① 请完成A任务的同学说说在刚才的活动中，你沟通得顺利吗？为什么？ ② 请完成B任务的同学谈谈你在刚才的活动中，观察到的对方的反应，你当时的感受怎么样？ 3. 你听清楚同学给你讲述的事情了吗？ 最后让学生总结出不良的和良好的听说行为。	课堂实录 案例学习：案例+PPT+画外音	20分钟

（续表）

<table>
<tr><th>环节</th><th>学习目标</th><th>主要内容</th><th>学习方式</th><th>时长(共430分钟)</th></tr>
<tr><td rowspan="2">案例分析</td><td rowspan="2"></td><td>三、模拟情境表演式活动案例
（一）讨论议题
当学生人际交往沟通中无法与对方意见统一时，我们该如何引导？
（二）情境演绎案例
亲子关系《我的志愿》
生生之间《我认为的幸福》
让学生通过演绎、小组讨论、交流总结，良好的沟通能有效地让对方知道你的观点和意愿，解决矛盾，但不等于能解决意见上的分歧——“不强人所难”。当意见实在无法统一时，我们应秉着尊重对方的心态，找出各自的共同点，并保留不同意见——“求同存异”。并且引导学生认识到不把自己的观点强加给别人也是一种修养。</td><td>课堂实录
案例学习：案例+PPT+画外音</td><td>30 分钟</td></tr>
<tr><td>作业：在引导学生友善待人的人际交往教育中，你是如何做到让学生将友善外化于行、内化于心的？</td><td>完成作业</td><td>20 分钟</td></tr>
<tr><td rowspan="2">实践反思</td><td rowspan="2">通过实践和反思，教师根据自己的情况设计如何引导学生人际交往方案，并进行组内讨论，修改和完善。</td><td>作业：
教师根据自己班级的情况设计培训方案并上传，对方案进行组内讨论，并修改和完善。方案包括活动目的、活动的准备、活动的内容、活动流程。</td><td>完成作业</td><td>90 分钟</td></tr>
<tr><td>网上互动：
• 请观看至少 3 份其他学员的活动方案，并围绕如何进行“按需活动，灵活多样”，对这些方案发表评论。
• 对本次课程培训的总结及反思。</td><td>讨论</td><td>30 分钟</td></tr>
</table>

四、课程评价

（一）评价内容与方式

课程学习时间考核，学员全程参加网上课程学习，观看案例视频、课堂实录、微讲座等录像,至少连续完成 80% 的视频观摩时间。

课程作业考核,现象思考为主观题,理论学习与案例分析采用主观题与客观题(判断、选择)相结合的方式,最后的实践反思中进行活动方案设计的主观题提交。主观题可采用评议、点赞、讨论等手段评阅,主讲教师对优秀作业进行置顶展示与加分。

课程效果反馈,学员在课程结束后,在线填写《“将友善内化于心、外化于行”网络课程效果反馈调查表》。

(二) 课程作业

考察学员在课程各个环节中学习目标的达成度,即学员须完成每一个环节的评价任务并达到 60% 及以上的正确率,方能达成课程学习任务。

作业采用客观题和主观题两种形式,总分 100 分。(1)现象思考环节有 2 道简答题,每题 10 分,共 20 分,考查学员是否针对该现象进行了思考。(2)理论学习环节有 10 道客观题(判断 5 题,选择 5 题),每题 2 分,共 20 分,考查学员是否掌握了理论学习的重点。(3)案例分析环节有 1 道简答题,共 20 分。(4)实践反思作业为主观题,目的是考查学员是否能用学习到的理论指导并解决实践问题。要求学员提供初始作业(自己的培训方案一份),分值为 40 分,按完成度计 20 分、组内讨论计 10 分、完成质量计 10 分。

(三) 课程效果反馈

对学生课程满意度进行调查来反馈课程实施效果。学员在课程结束后,利用研修平台的在线评价功能和课程效果反馈表对课程的主题、内容和效果等进行评价。

《“将友善内化于心、外化于行”网络课程效果反馈调查表》

1. 您认为培训中的个案是否贴近学校生活,有一定代表性?

A. 是的　　B. 一般,较有代表性

C. 属于个案,没有代表性

2. 通过培训,您是否对青春期孩子的生理特点有所了解?

A. 非常了解　　B. 基本了解　　C. 不了解

3. 通过培训,您是否对青春期孩子的心理特点有所了解?

A. 非常了解　　B. 基本了解　　C. 不了解

4. 您认为需要进一步加强的课程内容是哪一部分?

A. 理论知识　　B. 案例分析　　C. 实践内容

5. 您认为本次研修课程对您的工作开展有帮助吗？

A. 很有帮助　　B. 一般　　C. 没有帮助

6. 您对本次研修课程的设计与安排是否满意？

A. 很满意　　B. 满意　　C. 一般　　D. 不满意

7. 对于本次研修,您有何改进建议？

____

____

上海市位育实验学校　张晨晖

“培养学生敬业责任素养”课程纲要

一、课程背景

我校学生责任意识缺失，学生干部的履职能力不强，独立负责完成作业的能力还有待提升。社会主义核心价值观中的公民个人层面的价值准则包括“敬业”的要求，但很多学生并不清楚“敬业”对他们指的是什么。我们认为，对学生而言，“敬业”指的是对自己分内所做的事情尽责：从自己身边的小事开始尽责，在校认真学习，不让老师费心；在家做一个让父母放心的孩子，承担起自己的责任，做一个尽责的人。但是要做到这点并不容易，需要教师通过学习经典、主题班会、组织学生工作和建立班级规章制度等方法进行教育。这样学生就能从小认识到“敬业”“责任”的含义，帮助他们成长为一个敬业、有责任感的人。

我校团队以“素其位而行，不愿乎其外——敬业 · 责任”项目来研究如何培养学生的“敬业”素养。教师根据学生责任缺失的现实下发生的真实问题，积累了一些典型案例，以提供一些可行有效的方法提高班主任班级建设、家校沟通中的效率。通过教院专家的指导与项目参与教师的积极思考、实践与反思，我们积累了不少经验并形成了初步的操作规程和基本策略。

由此，本课程从班主任设计、组织、策划活动方法的指导出发，通过讲座、案例分析、网上互动研讨等形式，提升班主任培养学生敬业责任素养的能力，促进班主任建班育人的教育能力。

二、课程目标

1. 通过案例剖析，学会对学生责任缺失问题和现象进行反思。

2. 通过聆听讲座、分析案例，了解设计、组织、策划各项实践活动，掌握并帮助学生建立责任意识，内化于心、外化于行的方法。

3. 能够根据班级实际情况，设计、组织、策划各项实践活动，并运用恰当的方法来促进学生责任感的培养。

三、课程内容与安排

环节	学习目标	主要内容	学习方式	时长(共350分钟)
问题分析	通过案例，发现与反思在培养班级学生责任意识时出现的问题。	一、教师在实际教育教学中对学生不负责任行为的观察反思 以我校为例，通过现象反思，认识到我校七年级班级干部的履职能力不强，独立负责完成作业的能力有待加强。 二、教师通过头脑风暴认识要解决的问题 教师能意识到，学生在建立自我责任意识时没有正确的方法导致责任意识不强。	PPT+微课学习	30分钟
		作业：分析你所在年级现状及问题。	完成作业	30分钟
理论学习	通过聆听讲座、分析案例，了解设计、组织、策划各项实践活动，掌握一些方法并理解其在帮助学生建立责任意识，内化于心、外化于行的重要性和必要性。	一、明确社会主义核心价值观中对敬业的理解 二、初中学生树立责任意识，素其位而行的重要性和必要性 三、如何针对学生现有的责任缺失问题设计实施方案	PPT+微课学习	30分钟
		作业： • 完成一篇感想。 • 在互动讨论区参加活动。	完成作业	30分钟

（续表）

环节	学习目标	主要内容	学习方式	时长（共350分钟）
案例分析	通过观摩实例，了解根据班级实际情况，设计、组织、策划各项实践活动并运用恰当的方法来促进学生责任感的培养的具体流程及要求，掌握基本方法。	一、责任沟通从心开始 从家庭责任出发设计策划活动。以周乐盈老师“责任沟通从心开始”案例出发，学习如何有效针对问题源头设计策划活动进行责任意识培养。 二、责任培养活动内容的选择及注意事项 以周老师案例出发学习研讨。 三、观看案例 “从叠一件 T-Shirt 和做一碗番茄蛋汤开始。” （一）观看叠一件 T-Shirt 和做一碗番茄蛋汤的视频 （二）每班学生进行实践 （三）在家校沟通册上填写记录 （四）录制自己的视频 学生作业： 1. 上传自己的实践视频。 2. 围绕责任写一篇感想。 3. 在互动讨论区进行讨论。	PPT+观看实录+微课学习	30分钟
		讨论： • 周老师在家庭责任进行的活动设计思路是否有利于学生责任的培养？ • 周老师在家庭责任小活动的内容是否为学生责任感及履行能力起到了积极的作用？	完成作业	20分钟
	明确自己的责任重大，坚守自己的岗位。通过每班挑选出来的正气少年做个好榜样，引导学生之间和谐相处，带动全年级的学生自觉遵守课间文明准则。	一、讲述正气少年是什么，为什么要选择正气少年，如何选择正气少年 （一）开班会 通过班主任老师的引导，要让正气少年们始终保持一种最佳的管理状态，保持一种最佳的管理热情。 （二）开年级大会 将25位正气少年介绍给大家以及通知各年级有这样一个活动。 （三）聚集25位正气少年召开组织会议	PPT+微课学习+实践操作	30分钟

（续表）

环节	学习目标	主要内容	学习方式	时长(共350分钟)
案例分析		二、自治委员会是什么,为什么要建立自治委员会,如何建立自治委员会 （一）在七年级每班里挑选出5名正气少年进入年级创建的自治会(自主管理委员会),会长为每班的班长 （二）会长开会,确定好本班的另外4名正气少年。把事先设计的《七年级学生文明课间自主管理手册》(意见稿)发放给会长进行讨论改进 （三）试运行一周,遇到困难和问题进行讨论修改		
	通过观摩实例,了解正气少年、自治委员会建立及运用的具体流程及要求,掌握基本方法并理解其在建班育人中的重要性和必要性。	一、正气少年的选择 以七(2)班正气少年选择的案例展示选择正气少年所需要的流程及注意事项。 二、自治委员会的建立 以七年级自治委员会建立的案例,说明自治委员会的建立对培养七年级学生责任意识所起的积极作用。 讨论议题: 1. 七(2)班选择正气少年的过程是否按照流程,公平公正展开? 2. 七年级建立的自治委员会是否为学生责任意识的树立起到积极作用?	PPT+微课学习	30分钟
		作业:谈谈你对正气少年课自治会的看法。	完成作业	30分钟
实践反思	运用所学设计活动激发学生责任意识,让学生成为一个有责任感的人,一个快乐的人。	作业: 1. 提交一份案例,案例内容在AB两项中二选一。 A:提交一份策划培养学生在校责任的案例。 B:提交一份已经实施的责任培养的完善案例。 2. 提交一份目前在解决学生责任问题设计活动中遇到的问题。	完成作业	60分钟
		网上互动:观看至少3份其他学员的作业,并围绕培养学生责任意识促进班集体建设的要求发表评论。	发表评论	30分钟

四、课程评价

（一）评价内容与方式

1. 课程学习时间考核，教师全程参加网上课程学习，观看讲座、案例、评析等视频，至少连续完成80%的视频观摩时间。

2. 课程作业考核，每个环节客观题正确率达到60%及以上可继续下一环节的学习，否则须重新进行该环节的学习；主观题可采用评议、点赞、讨论等手段评阅，主讲教师对优秀作业进行置顶展示与加分。

3. 课程效果反馈，学员在课程结束后，在线填写《“培养学生敬业责任素养”网络课程效果反馈调查表》。

（二）课程作业

课程采用“通关”的评价形式，考察学员在课程各个环节中学习目标的达成度，即学员须完成每一个环节的评价任务并达到一定正确率，方能进入下一阶段的学习，全部“通关”后，达成课程目标。

作业采用客观题和主观题两种形式。(1)问题分析环节有5道选择题，每题2分，共10分；呈现若干现象分析结果的答案供选择，考查学员是否针对该问题进行了思考。主观题：分析你所在年级现状及问题，10分。(2)理论学习环节有5道选择题，每题2分，共10分；主观题：学习理论后谈感想，10分，考查学员是否掌握了理论学习的重点。(3)案例分析环节有10道选择题，每题1分，共10分；提供若干案例分析结果的答案供判断、选择，考查学员是否能够用理论分析实际问题。主观题：谈谈你对正气少年课自治会的看法，10分。(4)实践反思作业的目的是考查学员是否能用学习到的理论指导并解决实践问题。要求学员提供基于实践的改进作业一份（修改后教学设计、讲稿或实践作品）、困惑问题一份，分值分别为30分和10分。

（三）课程效果反馈

对学员课程满意度进行调查来反馈课程实施效果。学员在课程结束后，利用研修平台的在线评价功能和课程效果反馈表，对课程的主题、内容和效果等进行评价。

《“培养学生敬业责任素养”网络课程效果反馈调查表》

1. 请您在相应的等级上画圈“○”(提示:按五级评价,5 代表最好,1 代表最差)。

专题或活动	主题的针对性	内容的适切性	效果的满意度
1. 问题分析	5—4—3—2—1	5—4—3—2—1	5—4—3—2—1
2. 理论学习	5—4—3—2—1	5—4—3—2—1	5—4—3—2—1
3. 案例分析	5—4—3—2—1	5—4—3—2—1	5—4—3—2—1
4. 实践反思	5—4—3—2—1	5—4—3—2—1	5—4—3—2—1

2. 您是否清楚此次研修课程的目标?

A. 非常清楚　B. 比较清楚　C. 不太清楚　D. 完全不清楚

3. 您认为最有效的课程形式是?

A. 问题分析　B. 理论学习　C. 案例分析　D. 实践反思

4. 您认为需要进一步加强的课程内容是哪一部分?

A. 问题分析　B. 理论学习　C. 案例分析　D. 实践反思

5. 您对本次研修课程的设计与安排是否满意?

A. 很满意　B. 满意　C. 一般　D. 不满意

6. 对于本次研修,您有何改进建议?

____

____

上海市康健外国语实验中学　李海荣

“餐桌上的节俭美德培养”课程纲要

一、课程背景

近几年来,整个社会普遍存在着较为严重的餐桌浪费现象。因此,整个国家和社会都在提倡勤俭节约、爱惜粮食,并发起了“光盘行动”等号召,希望唤起人们的节约意识。但在初中校园里,午餐浪费仍是广泛存在的普遍现象。

据调查统计,八、九年级学生的粮食浪费现象相较于六、七年级学生严重,而八年级正是粮食浪费现象出现的转折阶段。因此,不仅起始年级的班主任需要特别重视对学生进行文明就餐、爱惜粮食的美德教育,作为午餐浪费问题严重的初中阶段高年级,班主任更需要高度关注学生浪费现象的普遍性和严重性。这其中除了学生自身的原因,也有整个社会对学生的负面影响。因此,他们需要通过教师的逐步引导和自身的广泛参与,从节约粮食入手,激发生活中处处节约的意识,从而促进节俭习惯的养成。

节约教育应当注意方式方法和时效性,以往老套的口头说教方式已无法迎合学生的心理需求和接受能力,教师在节约教育方面需要有效的方法指导。

二、课程概述

本课程共分 4 个阶段(现象思考、理论学习、案例分析、实践反思),包括 10 次主题活动。学习者通过学习丰富多彩、学生喜闻乐见的活动形式,如:调查问卷、学生采访、拍摄照片、MV 制作、PPT 故事、新闻视频、学生讨论、学生报告、“金点子”任务单、“节约小窍门”海报等,学习如何有效引导学生直面自己的午餐浪费问题,寻找午餐浪费原因,开展自我教育,研讨解决问题的方案。每次主题活动的设计兼具了“创新性、生活性、价值性、微小性”,帮助教师充分挖掘和利用各类校园教育资源,以充分调动学生的参与积极性,尽量发挥学生的主体作用,让活动实施者(教师)在校园里可以充分利用一些碎片化的教育时间,见缝插针地贯穿实施节约午餐的教育活动,实现该课程的育人目标。

三、课程目标

1. 思考分析,了解学生午餐浪费问题的普遍性和严重性,分析出现午餐浪费现象的深层原因。

2. 学习理论、分析案例,了解开展"光盘"教育的方法,分享节约粮食的金点子。

3. 运用所学的理论策略方法,对班级学生的浪费行为进行及时教育和引导。

四、课程内容与安排

活动阶段	活动内容	活动目的	活动时间	评价形式
现象思考	活动1:参观调查 ＊每天浪费了多少食物? 参观学生餐盒,拍摄照片,引入活动话题;开展调查问卷,公布数据结果,直观地呈现午餐浪费现象。	分析午餐浪费现象的普遍性和严重性。	20分钟	调查问卷 学生总结
	活动2:调查分析 ＊为什么会出现午餐浪费? 针对校园内学生午餐浪费的情况展开调查,并组织学生探讨出现午餐浪费具体原因有哪些?	深入调查和了解学生出现浪费午餐问题的原因。	30分钟	调查报告
理论学习	活动3:小型报告会1 ＊粮食从哪里来? 播放关于粮食来源的视频和水稻生长、成熟及加工过程的文字介绍,让学生直观地认识和感受粮食的生产过程。	解析粮食的生产过程,并感悟一粥一饭来之不易。	20分钟	调查报告 访谈总结
	活动4:小型报告会2 ＊午餐费从哪里来? 组织学生调查家庭午餐费的来源,开展小型报告会,帮助学生了解家长如何辛勤的工作,以及家庭收入和支出的分配情况。	解析家长的收入来源,分析家长工作的艰辛,引导学生懂得节约父母的血汗钱也是对父母劳动的尊重。	20分钟	问卷调查

（续表）

活动阶段	活动内容	活动目的	活动时间	评价形式
理论学习	活动5:食堂采访 ＊食堂工人师傅的一天 带领学生代表走进食堂,采访食堂师傅,记录食堂师傅们一天的工作情况。让全体学生在观看食堂工人一天工作视频的过程中,了解午餐的制作过程。	揭秘午餐的制作过程,帮助学生感受工人师傅工作的用心和辛苦,进而引导学生认识到随意浪费午餐也是对食堂师傅劳动的亵渎。	20分钟	所拍摄的照片 制作的MV 学生心得体会
	活动6:小型报告会3 ＊你知道世界粮食危机吗? 组织学生小组活动,收集并报告全球范围内粮食短缺、饥荒灾情等实际形势的资料信息,切实了解目前世界面临的粮食危机现状。	世界粮食短缺的现状对照,反衬午餐浪费行为的不当。	20分钟	反馈报告 学生反思
	活动7:节俭故事会 ＊李嘉诚和西安老人的故事 通过呈现PPT的图文资料,讲述李嘉诚《一块钱的故事》和西安八旬老人每天捡拾剩菜的故事,并组织学生讨论:我们今天为什么还要如此节约?	深化勤俭节约是美德的意识,教育学生:勤俭节约要从我做起,从点滴做起,从现在做起。	30分钟	故事PPT 新闻视频
案例分析	活动8:光盘金点子秀 ＊怎样避免粮食浪费? 围绕午餐浪费的问题,通过教师的逐步引导和自身的广泛参与,以小组讨论、分享交流的形式,在班级中进一步探讨出“怎样避免午餐浪费”的金点子。	组织学生讨论分享一些避免午餐浪费的金点子,帮助他们把节俭落实到平时的生活中。	20分钟	“金点子” 任务单
	活动9:节俭小报评比 ＊生活中还有哪些地方需要节约? 组织学生分组讨论学校、家庭、社会上还有哪些地方需要节约,应该怎么节约?组织开展“节约小窍门”的评比。	生活中除了节约粮食,事事处处需要节约。带领学生收集一些生活中各种节约的小窍门,以助于养成良好的节俭习惯。	20分钟	“节约小窍门”海报

（续表）

活动阶段	活动内容	活动目的	活动时间	评价形式
实践反思	活动 10:"节俭之星"评选 ＊评一评:谁是节俭之星? 组织小组活动,让学生将以上活动中讨论的金点子付诸行动,组织各小组相互监督,每天对其他小组的午餐剩余情况作评价,每周开展"节俭之星"的评选。	巩固微课程的后续教育效果	20 分钟	午餐情况小组评价表

五、课程评价

（一）评价内容与方式

1. 课程学习内容实施的考核,教师根据课程任务组织学生完成课程中的主题活动,并网上提交学生的活动反馈。

2. 课程效果反馈,学员在课程结束后,在线填写《"餐桌上的节俭美德培养"网络课程效果反馈调查表》。

（二）课程作业

课程采用网上提交活动反馈的评价形式,考察学员在课程各个环节中活动任务的达成度,即学员须完成每一个环节的活动任务后,网上提交活动反馈,检验是否达成课程目标。

（三）后期任务

1. 跟踪评估。

课程完成后,学员采用让学生进行小组互评"节俭之星"的形式,跟踪评估参与微课程的学生的午餐浪费情况,每周一次。

连续跟踪时间:一个月。

午餐情况小组评价表

第一小组	
第二小组	
第三小组	

（续表）

第四小组	
评价标准：每组挑选1名成员（可轮流）组成4人评价小组，在评价其他小组时，若该小组成员都能基本吃完午餐且获得一致认可即可获得一颗☆，以10颗☆为一次奖励标准，先达到标准的小组可以先获得相应奖励。	

2. 反馈调查。

跟踪评估期结束后，再次对学生的午餐浪费情况进行反馈调查，由学生完成以下反馈单的填写。

关于学校午餐浪费的反馈单

1. 你对粮食浪费有什么认识？

A. 无论什么情况下都不应该浪费。

B. 实在吃不下或不喜欢吃的时候，少浪费一点没关系。

C. 现在人们物质方面很富裕，浪费没关系。

D. 其他：______________________________

2. 你现在每天在学校的午餐能吃完多少？

A. 全部　　　　B. 一多半

C. 少部分　　　　D. 经常不吃

3. 如果学校午餐中出现不合你胃口或者你实在吃不下的饭菜，你通常会怎样处理？

A. 直接扔掉　　　　B. 给其他同学吃

C. 带回家　　　　D. 其他：______________

4. 你觉得现在班级的午餐浪费现象改善得怎样？

A. 没有改善　　　　B. 有所改善

C. 明显改善

5. 如果你的家里出现食物、水、电等浪费现象，你会怎么办？

A. 大人的事情我管不了　　　　B. 想办法劝说家人做到勤俭节约

（四）课程效果反馈

让参与本次微课程活动的教师和学生完成微课程活动满意度的调查，来反馈课程实施的效果，并对课程的主题、内容和效果等进行评价。

《“餐桌上的节俭美德培养”网络课程效果反馈调查表》

1. 您是否清楚本次微课程的目标？

A. 非常清楚　　B. 比较清楚　　C. 不太清楚　　D. 完全不清楚

2. 请您对以下活动形式的效果进行评价，在相应的等级上画圈“○”（提示：按五级评价，5 代表最好，1 代表最差）。

活动形式	主题的针对性	内容的适切性	效果的满意度
1. 问卷调查	5—4—3—2—1	5—4—3—2—1	5—4—3—2—1
2. 食堂采访	5—4—3—2—1	5—4—3—2—1	5—4—3—2—1
3. 粮食危机报告	5—4—3—2—1	5—4—3—2—1	5—4—3—2—1
4. 节俭故事	5—4—3—2—1	5—4—3—2—1	5—4—3—2—1
5. 光盘金点子秀	5—4—3—2—1	5—4—3—2—1	5—4—3—2—1
6. “节俭之星”评选	5—4—3—2—1	5—4—3—2—1	5—4—3—2—1

3. 您认为以上微课程活动中需要进一步加强或改进的是哪(些)部分？

____

4. 您对本次微课程的活动设计与安排是否满意？

A. 很满意　　B. 满意　　C. 一般　　D. 不满意

5. 对于节俭主题的德育微课程，您有何改进建议？

____

____

上海市汾阳中学　明晓燕

“职初期班主任友善专题教育指导”课程纲要

一、课程背景

习近平总书记强调,“培育践行社会主义核心价值观,要从娃娃抓起、从学校抓起,使社会主义核心价值观内化为人们的精神追求”。社会主义核心价值观中“友善”是基础,是一切道德的起点。在学校工作中,班主任是学生健康成长的引领者,是学生思想道德教育的骨干,是经常与学生在一起的人。因此,班主任对学生进行友善专题教育至关重要。

目前,班主任对于学生的友善专题教育往往通过主题班会的形式进行,而在主题班会教育形式中,职初期班主任往往存在制订的教育目标假、大、空的问题;对教育资源的使用盲目堆砌以及在教育过程中对友善教育的提问存在低效,甚至无效的情况。

在经济全球化、政治多极化和文化多元化发展的今天,现代信息技术的广泛应用,为中学生提供了获取各种信息、拓展自身视野的广阔平台,但由此而来的一些消极因素也不容小觑,它们在一定程度上影响了学生们的良好思想品德和行为习惯的形成。因此,班主任怎样发挥主题班会在友善教育中的作用,怎样教育学生学会友善待人,与他人和谐相处,怎样从点滴小事做起,养成良好的道德习惯,怎样帮助学生不断提高自己的人际交往能力,从而提高德育的有效性,就显得非常迫切和重要。

二、课程目标

1. 通过教育现象的思考分析,知道友善专题教育中德育目标制定、教育资源的使用以及在教育过程中对友善教育的提问中存在的问题。

2. 通过聆听讲座、阅读材料等形式,知道友善专题教育中德育目标制定、教育资源的使用以及在教育过程中对友善教育的提问的依据、选择和方法。

3. 能运用所学理论分析相关的案例，掌握在友善专题教育中确立合理教育目标，恰当使用教育资源，进行有效提问的依据、选择和方法。

4. 能运用所学理论知识，实施改进自己的友善主题教育实践的能力。

三、课程内容与安排

环节	学习目标	主要内容	学习方式	时长(共450分钟)
现象思考	通过教育现象的思考分析，知道友善专题教育中德育目标制定、教育资源的使用以及在教育过程中对友善教育的提问中存在的问题。	教育部关于进一步加强中小学班主任工作的意见中指出：中小学班主任是中小学教师队伍的重要组成部分，是班级工作的组织者、班集体建设的指导者、中小学生健康成长的引领者，是中小学思想道德教育的骨干。因此，班主任对学生进行友善专题教育至关重要。这方面教育主要通过主题班会的形式进行。 对于职初期班主任来讲，对主题班会投入极大的热情，也对其产生的效果寄予极大的期望，希望通过主题班会能够促进学生良好的行为规范的养成，班级学生都能和睦相处，友善互助，但结果往往不尽如人意。这使职初期班主任在专题教育中产生了一定的困惑。这一现象值得我们思考。 职初期班主任在对学生进行友善专题教育设计中易存在以下几方面的问题： 从教育目标设计来看，设计教育目标容易存在假、大、空的问题。 从教育资源使用情况来看，容易存在选择教育资源杂乱，盲目堆砌的问题。 从专题教育的提问来看，往往存在提出的问题低效，甚至无效的情况。	微讲座：PPT+个人讲解	5分钟
		作业：选择题5题。	完成作业	10分钟

（续表）

环节	学习目标	主要内容	学习方式	时长（共450分钟）
理论学习	通过聆听讲座、阅读材料等形式，知道友善专题教育中德育目标制定、教育资源的使用以及在教育过程中对友善教育的提问的依据、选择和方法。	一、专题教育活动的含义 是指把具有一定特征的某种基本思想作为核心内容，并在活动中使其得到充分体现的一系列思想教育活动。 二、班主任开展专题教育活动的作用 通过活动可澄清是非、提高认识、开展教育，对促进学生的成长和树立人生观起到重要作用。 三、班主任进行专题教育活动的原则 教育性、趣味性、知识性和思想性相结合。 四、班主任在德育专题中制定教育目标的依据、方法 依据：符合受教育者思想品德的形成、发展的规律以及受教育者自身的心理特征。 方法：针对学生的思想实际及班级里学生中确实存在的主要问题去设定教育目标。 五、班主任在专题教育过程中合理选择教育资源的依据、方法 依据：专题教育的目标、受教育者身心发展特征、德育所面对的时代性和学生思想实际。 方法：选择符合学生的年龄特点、认知特点，贴近学生的生活实际的资源。 六、明确怎样在友善专题教育中进行有效提问 提问要有针对性和推进性。所提问题要能够引发讨论，有利于受教育者进行换位思考，有助于引发受教育者的探究思维的展开。	微讲座PPT+个人讲解	45分钟
		书籍推荐： • 丁如许：《打造魅力班会课》 • 林旭：《班会活动方案设计》（上、下）	自学	160分钟
		作业：选择题5题。	完成作业	10分钟

（续表）

环节	学习目标	主要内容	学习方式	时长（共450分钟）
案例分析	能运用所学理论分析相关的案例，掌握在友善专题教育中确立合理教育目标，恰当使用教育资源，进行有效提问的依据、选择和方法。	一、以存在假、大、空问题的教育目标为案例分析如何设定合理的教育目标 案例一： 某班主任在友善专题教育中设计的教育目标：使学生理解“友善”的含义，学会宽容，友善待人，提高自己的修养；使学生能够懂得什么是“友善待人”，正确处理同学关系。 案例二： 某班主任在友善专题教育中设计的教育目标：了解“友善”的含义；对人“友善”可以避免学生之间产生矛盾和纠纷；学会在生活中适时运用友善，建立良好的师生关系和同学关系，为构建和谐班级奠定坚实的基础。 分析案例中教育目标设定的不合理性。明确：德育目标的制定要符合受教育者思想品德的形成、发展的规律以及受教育者自身的心理特征。 因此班主任应该根据目前中学生的心理特点，通过分析班级中普遍存在的一些不友善的问题，去设定教育目标，让学生通过一个个问题的解决，理解友善、学会友善待人。 二、以选择教育资源杂乱，盲目堆砌教育资源的案例分析如何合理使用友善专题教育资源 案例： 某班主任在教育目标设计中设计了分享一些有关“友善”的小故事，及身边人“友善”的言行，深入理解“友善”的含义和表现。用了“六尺巷”“将相和”的故事。 这些故事距离学生年代遥远，并且都是身份、地位极高的权臣，和学生的年龄特点，生活、成长环境不相符，学生难以有切身的感受。包括名人名言等说教起到的效果都难以达到预期。	PPT+个人讲解	45分钟

（续表）

环节	学习目标	主要内容	学习方式	时长(共450分钟)
案例分析		友善教育资源的选择要符合学生的年龄特点、认知特点，贴近学生的生活实际，切忌教育资源的盲目堆砌。我们可以通过电视报纸，了解近期社会上发生的有关友善的热点新闻，选择发生在学校里、家里、社区等地方学生身边的事。这对于学生更有说服力，更容易引起学生共鸣。 三、以在友善专题教育中提出低效，甚至无效的问题为例分析如何进行有效的提问 案例： 小品表演：两个学生课间休息时因琐事打架。提问：他们的行为是友善的吗？ 看了这个小品后你有什么体会？你会怎么做？ 分析： 一眼能明确是非的问题是无效问题，不能引发学生心灵的触动，无法引起学生深度思考；有明显指向性的问题，无法让学生说出自己内心的真实想法。这类问题就属于友善专题教育中低效、无效的问题。 提问要有针对性和推进性，不能简单、封闭，层次过低。所提问题要能够引发讨论，有利于受教育者进行换位思考，引发受教育者的探究思维的展开。		
		作业：判断题5题。	完成作业	10分钟
实践反思	能运用所学理论知识实施提升自己的友善主题教育实践的能力。	作业： 简答如何延伸友善主题班会的教育作用？友善教育如何有针对性地持续进行？	完成作业	120分钟
		网上互动：观看至少3份其他学员的作业，并发表评论。	发表评论	45分钟

四、课程评价

（一）评价内容与方式

课程学习时间考核，教师全程参加网上课程学习，观看友善专题教育指导现象思考、理论学习、案例分析讲座、评析等录像,至少连续完成80%的视频观摩时间。

课程作业考核,现象思考环节、理论学习环节、案例分析环节采用客观题形式,实践反思环节采用主观题形式。主观题可采用评议、点赞、讨论等手段评阅,主讲教师对优秀作业进行置顶展示与加分。

课程效果反馈,学员课程结束后,在线填写《"职初期班主任友善专题教育指导"网络课程效果反馈调查表》。

(二) 课程作业

课程作业满分100分,达到60分为合格。

作业采用客观题和主观题两种形式。(1)现象思考环节有5道选择题,每题4分,共20分,考查学员是否针对该现象进行了思考。(2)理论学习环节有5道选择题,每题4分,共20分,考查学员是否掌握了理论学习的要点和重点。(3)案例分析环节有5道判断题,每题4分,共20分,考查学员是否能够用理论分析实际问题。三个环节中所有客观题相加后的总分值是60分。(4)实践反思作业为主观题,目的是考查学员是否能用学习到的理论指导并解决实践问题。要求学员完成2道简答题并完成网上互动,分值为40分,每个环节按完成度计各15分,完成质量为10分。

(三) 课程效果反馈

对学员课程满意度进行调查来反馈课程实施效果。学员在课程结束后,利用研修平台的在线评价功能和课程效果反馈表,对课程的主题、内容和效果等进行评价。

《"职初期班主任友善专题教育指导"网络课程效果反馈调查表》

1. 您是否清楚职初期班主任友善专题教育指导研修课程的目标?

A. 非常清楚　B. 比较清楚　C. 不太清楚　D. 完全不清楚

2. 您是否清楚制定友善专题教育目标的依据、方法?

A. 非常清楚　B. 比较清楚　C. 不太清楚　D. 完全不清楚

3. 您是否清楚在友善专题教育过程中合理选择教育资源的依据、方法?

A. 非常清楚　B. 比较清楚　C. 不太清楚　D. 完全不清楚

4. 您是否清楚在友善专题教育中进行有效提问的要求?

A. 非常清楚　B. 比较清楚　C. 不太清楚　D. 完全不清楚

5. 您对本次研修课程的设计与安排是否满意？

A. 很满意　　B. 满意　　C. 一般　　D. 不满意

6. 对于本次研修，您有何改进建议？

____

____

上海市第二初级中学　周鸿艳

“提升初中班主任师生沟通艺术的指导”课程纲要

一、课程背景

现代的教学过程是师生之间、生生之间共同活动的过程，尤其是对正处于心理、生理成长关键期的中学生而言，起着重要的作用，所以，师生之间的合作沟通显得必需和迫切。但是在现实的教育情境中，师生关系常被理解为教师和学生在完成教学任务中产生的一种交往关系，附属于教育或教学，仅仅是教育、教学的工具。教育的功利化代替了教育的崇高目标和终极关怀，学生成为流水线上等待加工的产品，是教师意志的对象。作为教师，都希望学生能对自己言听计从，可往往事与愿违，所以，教师也很郁闷、烦躁，师生之间对立、冲突、不理解的现象呈现普遍的情形，这不仅影响着教育的有效性，对学生、教师、学校和社会都带来不良的负面影响。

课程研发者对初中学生心理特点、成长需求进行了理论与实践研究，本课程通过对师生沟通障碍的原因分析，以讲座、案例分析、网络互动研讨等形式，指导教师学习语言沟通艺术，增强教师语言的应用能力帮助学生成长，化解师生矛盾并实现教师自我的实现。

二、课程目标

1. 通过了解师生沟通中存在的问题，学会分析其产生的原因。

2. 通过聆听讲座、学习国内外师生沟通研究理论，能掌握师生情感沟通的方法及技巧。

3. 能运用所学的沟通理论分析相关的案例，改进自身与学生的沟通方法，在教育实践中实施、反思与运用。

三、课程内容与安排

环节	学习目标	主要内容	学习方式	时长(共450分钟)
现象思考	通过案例,发现与反思师生在沟通时出现的问题。	一、师生沟通中出现的问题 从师生沟通意愿上来看,师生沟通的主动性较弱,缺乏沟通和了解,对师生沟通掉以轻心。 从师生沟通内容来看,教师侧重认知,忽视情感,认为分数决定学生的未来方向和终极目标,所以关心学生的分数就是关心学生。 案例:学生的作文中,学生抱怨多的就是被老师冤枉:老师不听我的解释就没收了我的小队长标志;课堂上新老师不让我们随意插嘴,但我常常喜欢和老师争辩,感觉自己就是课堂的主宰;上课时我向同学借文具,老师说我讲废话;一早到校补作业被老师看到,他以为我在抄作业……	案例学习(案例分析):PPT + 画外音	10 分钟
		作业:分析你及你周围的同事是否有过这样的问题,罗列一些你与学生沟通的内容。		
		二、师生沟通方式中出现的问题 教师易用家长命令式的方式强加于人,没有交流互动,学生要面子觉得无尊严,教师却没有领会。 教师揭露批评,致使学生易产生消极对立情绪。 教师用讽刺挖苦的口吻易激起学生的逆反心理。 案例1:英语老师利用午休时间面批英语作文,可学生小阳无视老师的存在,与后面同学开玩笑。老师让他上讲台来,自己继续讲评。小阳却没有改正,依旧如此,还与老师顶撞。老师让他到办公室,他横冲直撞地进来,老师又说了他几句,他出言不逊,对老师大吼大叫。 案例2:有一次数学课上,小何走神了,把课间所画的某位老师的画像拿出来看,被老师发现并没收了。老师将画拿回办公室给其他老师看了。小何认为他犯的错误被老师和家长知道也就算了,自己的杰作被人看了真是丢脸。于是,小何上课无精打采,作业拖拉,不回答老师问题,常受到老师批评。	案例学习(案例分析):PPT + 画外音	10 分钟

（续表）

环节	学习目标	主要内容	学习方式	时长（共450分钟）
现象思考		作业： ● 分析讨论，案例中的老师为什么会遇到师生沟通困难？ ● 思考在你与学生沟通时，常常遇到什么样的困难？	完成作业	30分钟
理论学习	通过聆听讲座、学习国内外师生沟通研究理论，掌握师生情感沟通的方法及技巧。	一、师生沟通内容的选择 传递理性信息。即一般说的“对事不对人”，换取学生对教师的认识和理解，赢得学生的依赖和满意。 邀请学生合作。在开始活动前，先与学生一起讨论，决定活动所需的行为。 采用同理心等心理学原则，如正确要求“优秀生”，挖掘中间型学生，关爱“后进生”。	问答式微讲座	10分钟
		二、师生沟通方式的选择及要求 谈话式沟通，语言精练，不要唠叨重复，语气要恰当，不要威胁警告。 便条式沟通，启发式语言。 作业式沟通，激励或忠告。 网络沟通，添加适当的表情图片。	互动式微讲座	15分钟
		屠荣生、唐思群《师生沟通的艺术》中相关内容 张丽萍《走向“以人为本”的师生沟通》中相关内容	自学	40分钟
		作业：判断题15题，选择题5题。	完成作业	40分钟
案例分析	通过观摩实例，了解师生沟通时需注意的问题及建议。	一、师生沟通方式的重要性 以A老师与闭锁心理的学生沟通的案例说明师生沟通时的注意事项。	案例学习：PPT + 画外音	45分钟
		二、师生沟通内容的针对性 以B老师与“后进生”沟通的案例说明有效的沟通能化解学生心中的困扰。	案例学习：PPT + 画外音	45分钟
		讨论议题： ● A老师在与学生沟通时，是否尊重了学生的个性，起到了预期的教育效果？ ● B老师在与学生沟通时，是否从学生的视角去体会谈心者的心情？	案例学习：PPT + 画外音	45分钟

（续表）

环节	学习目标	主要内容	学习方式	时长(共450分钟)
案例分析		作业:结合所学知识谈谈你对师生关系的理解有哪些改变?教师在教育活动中如何养成与学生沟通的良好素质?	完成作业	30分钟
实践反思	运用所学理论,提升自身的沟通技能。	作业: • 提交一份与学生正确沟通的成功案例(运用同理心、真诚度训练等心理学原则)。 • 提交一个目前在师生沟通中遇到的问题(从不恰当的语言和沟通立场方面考虑,从而导致了不恰当的沟通模式)。	完成作业	90分钟
		网上互动:观看至少3份其他学员的作业,并围绕师生如何沟通建立和谐师生关系的要求发表评论。	讨论	40分钟

四、课程评价

（一）评价内容与方式

课程学习时间考核,教师全程参加网上课程学习,观看讲座、案例、评析等视频,至少连续完成80%的视频观摩时间。

课程作业考核,每个环节客观题正确率达到60%及以上可继续下一环节的学习,否则须重新进行该环节的学习;主观题可采用评议、点赞、讨论等手段评阅,主讲教师对优秀作业进行置顶展示与加分,如:能够运用本课程所学到的理论恰当地解决自己在教育中的问题并形成教育叙事故事或成功的案例。

课程效果反馈,学员在课程结束后,在线填写《“提升初中班主任师生沟通艺术的指导”网络课程效果反馈调查表》。

（二）课程作业

课程采用“通关”的评价形式,考察学员在课程各个环节中学习目标的达成度,即学员须完成每一个环节的评价任务并达到一定正确率,方能进入下一阶段的学习,全部“通关”后,达成课程目标。

作业采用客观题和主观题两种形式。(1)现象思考环节有2个讨论题,共20分;呈现若干现象分析结果的答案供选择,考查学员是否针对该现象进行了思考。(2)理论学习环节有15道判断题,每题1分,共15分,选择题5道题,共25分,考查学员是否掌握了理论学习的重点。(3)案例分析环节提供了若干案例分析结果的答案供判断、感悟,考查学员是否能够用理论分析实际问题。三个环节中所有主客观题相加后的总分值是60分。(4)实践反思作业的目的是考查学员是否能用学习到的理论指导并解决实践问题。要求学员提供基于实践的改进作业一份、困惑问题一份,分值分别为20分和10分。

(三) 课程效果反馈

对学员课程满意度进行调查来反馈课程实施效果。学员在课程结束后,利用研修平台的在线评价功能和课程效果反馈表对课程的主题、内容和效果等进行评价。

《"提升初中班主任师生沟通艺术的指导"网络课程效果反馈调查表》

1. 请您在相应的等级上画圈"○"(提示:按五级评价,5代表最好,1代表最差)。

专题或活动	主题的针对性	内容的适切性	效果的满意度
1. 问题分析	5—4—3—2—1	5—4—3—2—1	5—4—3—2—1
2. 理论学习	5—4—3—2—1	5—4—3—2—1	5—4—3—2—1
3. 案例分析	5—4—3—2—1	5—4—3—2—1	5—4—3—2—1
4. 实践反思	5—4—3—2—1	5—4—3—2—1	5—4—3—2—1

2. 您是否清楚此次研修课程的目标?

A. 非常清楚　B. 比较清楚　C. 不太清楚　D. 完全不清楚

3. 您认为最有效的课程形式是?

A. 问题分析　B. 理论学习　C. 案例分析　D. 实践反思

4. 您认为需要进一步加强的课程内容是哪一部分?

A. 问题分析　B. 理论学习　C. 案例分析　D. 实践反思

5. 您对本次研修课程的设计与安排是否满意？

A. 很满意　　B. 满意　　C. 一般　　D. 不满意

6. 对于本次研修，您有何改进建议？

____

____

上海师范大学第三附属实验学校　马晓婕

“基于学生自治的班级小岗位建设与管理”课程纲要

一、课程背景

苏霍姆林斯基曾经说过:“真正的教育是学生的自我教育。”主体性教育理论提出:学生既是自主学习的个体,也是自主管理的个体;学生是班级的主人,也是自主发展的个体。如何发挥学生的主观能动性,发挥他们的主体作用,培养他们自我教育、自主管理的能力,使之成为新时代需要的全面发展的人,是我们每一位教师都要思考的问题。

从教育现状看,不少班主任已经在班级里设立了小岗位,但在设立、管理、培训、实践和评价等方面还存在着很多问题,如:班主任往往从管理的角度出发“因岗设人”而非“因人设岗”;岗位分工不明确,岗位职责不清晰;岗位建设中缺少制度和评价的跟进。针对这样的情况,本课程将着重探讨班主任如何科学、民主地进行岗位建设和管理,使学生的自主意识、责任意识和服务能力得到发展,真正成为班级的主人。

二、课程目标

1. 通过案例分析,查找班级小岗位建设和管理中存在的问题,深入剖析原因。

2. 通过聆听讲座,领会班级岗位建设的意义和价值,掌握班级岗位建设和管理的基本流程和管理方法。

3. 运用所学知识开展班级小岗位建设的实践研究,学习制定岗位管理制度和考评制度。

三、课程内容与安排

<table>
<tr><th>环节</th><th>学习目标</th><th>主要内容</th><th>学习方式</th><th>时长(共450分钟)</th></tr>
<tr><td rowspan="4">现象思考</td><td rowspan="4">通过现象分析,发现与反思在班级岗位管理中出现的问题。</td><td>一、班级管理中出现的问题
案例1:开学初,班级布置了植物角。老师委派了小明同学和小王同学担任护绿员一职。过了一段时间,小王同学向老师告状说:“小明每天下课都在玩,根本不管植物角,都是我一个人在管理,这不公平!”老师找来小明问他怎么一回事,他却说:“我根本不喜欢做护绿员,也不知道怎么去照顾这些植物,我也不想干了。”
案例2:开学初,老师让大家共同讨论班级的小岗位,大家积极性都很高。每个学生都认领了自己的岗位,每个学生也明确了自己的工作职责。但是,经过一个学期,老师发现班里有一些学生岗位服务做得很好,而有些岗位形同虚设,在岗学生没有履行自己的职责。</td><td>案例文本</td><td>25分钟</td></tr>
<tr><td>作业:在这两个案例中存在着哪些岗位管理的问题?为什么?</td><td>网络论坛</td><td>25分钟</td></tr>
<tr><td>二、分析岗位建设中存在的问题
1. 岗位设定没有尊重学生的意愿,由老师分配决定。
2. 岗位分工不明确,缺少相应的岗前培训。
3. 岗位管理缺少制度约束,呈现管理混乱的现象。
4. 岗位的建设缺少评价的跟进。
5. 学生责任心不强,一遇到困难就不能坚持下去。</td><td>微论坛</td><td>60分钟</td></tr>
<tr><td>作业:结合自己班级的实际情况,谈谈你在班级岗位建设和管理中遇到的问题或困惑。</td><td>完成作业</td><td>40分钟</td></tr>
</table>

（续表）

<table>
<tr><th>环节</th><th>学习目标</th><th>主要内容</th><th>学习方式</th><th>时长（共450分钟）</th></tr>
<tr><td rowspan="3">理论学习</td><td rowspan="3">通过自学理论、聆听讲座、网上讨论等方式，了解班级岗位设立的意义，以及班级岗位建设的基本流程。</td><td>一、为什么要进行班级小岗位建设和管理
班级岗位建立是班级建设的需要。
班级岗位建立是学生成长的需要。
二、了解班级岗位建设的基本流程
在班级岗位建设和管理的过程中，主要包括以下四个环节：岗位设置、岗位竞聘、岗位实践、岗位评价。</td><td>讲座</td><td>10分钟</td></tr>
<tr><td>三、学习各流程的操作原则和策略
（一）岗位设置
1. 班级岗位设置的原则。
（1）按需设岗：根据班级工作的实际需要设置岗位。
（2）因人设岗：根据学生的兴趣爱好、特长等设置岗位。做到人人有岗，岗岗有责。
2. 班级岗位设置的策略。
（1）岗位分类，名称自定。
学生可以共同讨论，对岗位进行个性化命名，但要确保岗位的名称与岗位的内容相符合。
把不同的岗位进行分类，隶属于不同的管理部门，如：劳动部、生活部、宣传部、学习部等（出示：岗位分配表）。
（2）共同讨论，明确职责。
共同讨论每个岗位的工作职责，明确每个岗位的职责范围。
（3）动态调整，逐步完善。
班级岗位的设置不是一成不变的，每过一段时间，可以根据需要进行动态调整，逐步完善。这里的“动态调整”包括合并、分设、取消或增加。</td><td>讲座</td><td>20分钟</td></tr>
<tr><td>（二）岗位竞聘
1. 班级岗位竞聘的原则：自主竞聘（观看一段视频）。</td><td></td><td></td></tr>
</table>

（续表）

环节	学习目标	主要内容	学习方式	时长(共450分钟)
理论学习		2. 班级岗位竞聘的策略。 (1) 岗位招标,自主选择。 公布岗位名称、具体职责、所需条件和人数,以及奖励积分,以岗位竞聘作为任务驱动,让学生根据自己的实际情况主动领取任务(出示:岗位招标书)。 (2) 初定名单,全班公布。 班主任对全班岗位做通盘考虑后,将初步确定的岗位负责人名单向全班公布。 (3) 一岗多人,减少兼职。 有些岗位需要几个人来共同承担。其目的主要是培养学生的分工合作能力,同时减少班干部身兼多职,空出岗位让其他学生得到锻炼。	讲座	40 分钟
		(三) 岗位实践 1. 班级岗位实践的原则:注重过程。 2. 班级岗位实践的策略。 (1) 定期培训,提升能力。 岗位设置后,要进行岗位培训,内容包括责任心教育、主人翁意识教育以及各岗位的服务要求与方法等。 (2) 鼓励先进,适当奖赏。 岗位服务做得好的学生,及时加以表扬鼓励,让学生感觉到自己的价值。 奖励着重精神层面,可采用"积分奖励",积累到一定分值能兑换某个实物的奖赏,如一本书或在一些活动中的优先权等。 (3) 落实检查,加强指导。 有岗位就一定有检查。检查可分为固定和灵活两种,要健全各项检查制度,目的在于帮助学生养成良好的习惯和提高责任心(出示:岗位评价表)。 学生因为自身能力、个性和岗位间的差异等,在服务表现上会呈现出不同状态。教师有针对性地给予帮助、引领和指导。		

（续表）

环节	学习目标	主要内容	学习方式	时长（共450分钟）
理论学习		（4）问题引领，鼓励创新。 教师要针对岗位服务中存在的实际问题，引导学生分析原因和思考对策，调动学生创新的积极性。 （5）形成制度，定期轮换。 班级岗位的轮换依据各班轮换规则进行，周期多为一个学期，也有一个学年或一周、一天较短时间内的轮换，没有统一要求。岗位轮换要与岗位评价有机结合，评出岗位先进，能在新一轮岗位竞聘中享有优先择岗的权利，也可申请连任。在岗位轮换时要做好交接工作。	讲座	30分钟
		（四）岗位评价 1. 班级岗位评价的原则：多元评价。 包括评价周期的多元、评价主体的多元、评价内容的多元和评价方法的多元。多元评价可使学生学会更全面、客观地评价自己和同学的岗位工作，获得更丰富的实践体验。 2. 班级岗位评价的策略。 （1）整体设计，各有侧重。 开展岗位评价首先要对班级岗位目标进行整体设计，形成能级要求，然后再根据学生的年龄特点和成长需求，明确各年级岗位评价的内容和形式。 （2）长短结合，关注日常。 除了期末的“岗位标兵”“岗位能手”“岗位先锋”等较长周期的评价活动外，还要增加短期评价，如周评、月评、一事一评等。 （3）自评他评，同步推进。 评价主体的多元化，表现为自评、他评、小群体内互评、全班共评以及教师总评等（观看岗位评议的录像）。	讲座	40分钟

（续表）

环节	学习目标	主要内容	学习方式	时长(共450分钟)
理论学习		作业： • 请你说说岗位建设的流程和工作策略？ • 请你结合自己的工作实际，说说在岗位建设和管理中可以有哪些改进的地方？	完成作业	30分钟
案例分析	通过自主设计与分析，巩固对岗位建设和管理的认识。	结合上面所学的理论知识来谈谈该如何解决前面两个案例中所出现的问题。	资料阅读 案例分析	20分钟
		讨论： 读了案例后，请你结合上面所学的理论知识提出解决方案。	网络讨论	30分钟
实践反思	运用所学进行实践。	作业： • 每人撰写一份班级岗位建设或管理的案例，可以是成功的也可以是不成功的，并分析原因。 • 每人至少点评他人的两篇案例，字数不少于200字。	完成作业	80分钟

四、课程评价

（一）评价内容与方式

课程学习时间考核，教师全程参加网上课程学习，观看讲座、案例、评析等视频，至少连续完成80%的视频观摩时间。

课程作业考核，每个环节客观题正确率达到60%及以上可继续下一环节的学习，否则须重新进行该环节的学习；主观题可采用评议、点赞、讨论等手段评阅，主讲教师对优秀作业进行置顶展示与加分。

课程效果反馈，学员在课程结束后，在线填写《“基于学生自治的班级小岗位建设与管理”网络课程效果反馈调查表》。

（二）课程作业

课程采用“通关”的评价形式，考查学员在课程各个环节中学习目标的达成度，即学员须完成每一个环节的评价任务并达到一定正确率，方能进入下一阶段的学习，全部“通关”后，达成课程目标。

作业采用客观题和主观题两种形式。

(1)现象思考环节有2道讨论题,每题10分,共20分;呈现若干现象分析结果的答案供选择,考查学员是否针对该现象进行了思考。(2)理论学习环节有5道选择题和5道判断题,每题2分,共20分,考查学员是否掌握了理论学习的重点。(3)案例分析环节有1道简答题共20分;提供案例分析结果的答案供判断、选择,考查学员是否能够用理论分析实际问题。三个环节中所有客观题相加后的总分值是60分。(4)实践反思作业的目的是考查学员能否用学习到的理论指导并解决实践问题。要求学员撰写一份班级岗位建设或管理的案例,可以是成功的也可以是不成功的,并分析原因,分值为40分。

(三) 课程效果反馈

对学员课程满意度进行调查来反馈课程实施效果。学员在课程结束后,利用研修平台的在线评价功能和课程效果反馈表,对课程的主题、内容和效果等进行评价。

《"基于学生自治的班级小岗位建设与管理"网络课程效果反馈调查表》

1. 您认为培训中的个案是否贴近学校生活,有一定代表性?

A. 是的　　B. 一般,较有代表性

C. 属于个案,没有代表性

2. 通过培训,您是否对班级小岗位建设和管理有了一定的了解?

A. 非常了解　　B. 基本了解　　C. 不了解

3. 您认为需要进一步加强的课程内容是哪一部分?

A. 理论知识　　B. 案例分析　　C. 实践内容

4. 您认为本次研修课程对您的工作开展有帮助吗?

A. 很有帮助　　B. 一般　　C. 没有帮助

5. 您对本次研修课程的设计与安排是否满意?

A. 很满意　　B. 满意　　C. 一般　　D. 不满意

6. 对于本次研修,您有何改进建议?

____

____

上海市徐汇区光启小学　吴　婷

“特殊学校学生课堂问题行为与处理”课程纲要

一、课程背景

课堂管理指的是对课堂环境的系统设计，以创建有效教学和有效学习的情境。在特殊学校里，由于班级中学生需求的多样化和差异化程度远远超过普通学校的课堂，特别是当班级中存在自闭症等有情绪和行为问题的学生时，教师的课堂管理存在更大的难度。目前，不少特殊学校教师还难以有效地应对特殊学生各种各样的问题行为。为了保证教学的有效性，教师要对课堂管理中可能面对的问题行为有清醒、正确的认识，同时需要掌握一定的方法和技巧来恰当地处理学生的课堂问题行为。

由此，本课程通过理论学习、课堂实录观察和案例分析等多种手段，理清特殊学校课堂中常见问题行为与教师课堂管理的关系，帮助教师掌握减少特殊学校学生课堂问题行为发生频率的方法。

二、课程目标

1. 结合数据调研分析及讨论，学会对特殊学校学生常见课堂问题行为及其原因进行反思。

2. 通过聆听讲座、案例分析，理清特殊学校学生常见的问题行为及其与教师课堂管理间的关系和处理原则。

3. 通过集体教导和个别干预案例及教学实例学习，掌握减少特殊学校学生课堂问题行为发生的方法。

三、课程内容与安排

环节	学习目标	主要内容	学习方式	主持人	时长(共420分钟)
现象思考	结合数据调研分析及讨论,学会对特殊学校学生常见课堂问题行为及其原因进行反思。	一、特殊学校学生课堂中常见的问题行为 (一)特殊学校学生情况及课堂问题的现状 比较2010学年与2016学年学生残障程度与类别情况统计图,说明特殊学校学生需求多样化和差异化趋势越来越明显。 提供一组班级问题统计图,其中可见情绪行为问题最为突出,诸如有自闭症等情绪问题的孩子数量增多,使得教师的课堂管理压力加大。 (二)特殊学校学生课堂问题行为表现 1. 注意力分散问题。 上课发呆、走神、睡觉、做小动作等。 2. 课堂扰乱行为。 哭闹、打扰同学、说无关的话、发出噪音等。	PPT演示数据统计图+画外音	杨健	20分钟
		二、特殊学校学生课堂问题行为出现的原因思考 (一)课堂问题行为常见功能表现 1. 正强化功能。 2. 负强化功能。 3. 感觉刺激与感觉调整功能。 (二)课堂问题行为与教师教学之间的关系 案例1:小T同学一上数学课就睡觉,这让老师十分头疼,老师曾试着让她在课堂上站一会儿清醒一下,但小T坐下后又止不住犯困。			

（续表）

环节	学习目标	主要内容	学习方式	主持人	时长(共420分钟)
现象思考		但在小组学习活动中，小T表现却很积极，举手回答问题很勤快，和老师互动也很好，脸上总是洋溢着笑容。家长提出是不是可以让小T多一点小组训练，老师犹豫不决。 案例2：一节语文课上，大家都听得很认真，小Y突然说："老师，我们什么时候春游，我们是不是要去郊野公园？"老师知道小Y坐不住了，但并没有理睬。过了一会儿，小Y又跳了出来，说同桌欺负她，老师只能请小Y坐到讲台边。可没讲几句，小Y突然坐在地上扔东西。老师真的很无奈。 请你试着从教师课堂教学的角度分析上述案例中的学生课堂问题产生的原因。	案例学习(案例分析)：PPT+画外音	杨健	20分钟
		作业：案例讨论分析(20分)。	完成作业	杨健	30分钟
理论学习	通过聆听讲座、案例分析，理清特殊学校学生常见的问题行为及其与教师课堂管理间的关系和处理原则。	一、特殊学校课堂管理的基本原则 (一) 认识到学生的价值，营造积极的班级氛围 (二) 建立课堂常规，并致力于让学生遵守 (三) 开展有效教学是课堂管理的基础 (四) 主动积极的管理优于对课堂问题行为的反应性策略 (五) 一致性是有效课堂管理的关键	问答式微讲座	汪蔚兰	15分钟
		二、特殊学校教师课堂教学与学生课堂问题行为的关系 (一) 教学目标、内容的难度水平与学生能力发展水平的关系			

（续表）

环节	学习目标	主要内容	学习方式	主持人	时长(共420分钟)
理论学习		（二）学习活动的刺激水平与学生兴奋水平、特殊感觉需求的关系 （三）对学生的关注、评价与学生表现的关系 （四）集体教学与个别学生活动之间的关系	互动式微讲座	汪蔚兰	15分钟
		三、特殊学校学生课堂问题行为的处理原则 （一）基于学生课堂问题行为的功能评估结果进行干预 （二）关注学生良好的课堂学习行为,促进其有效参与课堂教学 （三）对课堂问题行为进行主动积极预防而非事后干预 （四）强调多要素的综合行为干预而非单一策略 （五）开展多方合作而非单兵作战 （六）开展事后干预要以维持正常课堂教学秩序为要	问答式微讲座	汪蔚兰	15分钟
		• 昝飞《特殊学校课堂管理》讲座发言稿 • 昝飞、张琴《特殊儿童的问题行为干预——实例与解析》一书	自学	汪蔚兰	45分钟
		作业:选择题10题,判断题10题(20分)。	完成作业	汪蔚兰	30分钟
案例分析	通过集体教导和个别干预案例及教学实例学习,掌握减少特殊学校学生课堂问题行为发生的方法。	课堂管理的内容包括三个方面,即建立课堂常规、处理课堂问题行为以及创建良好的课堂教学情境,在处理学生课堂问题时我们可以从这三方面入手着力解决问题。			

（续表）

环节	学习目标	主要内容	学习方式	主持人	时长(共420分钟)
案例分析		一、建立课堂常规 (一) 案例 以一个低年级课堂问题行为多发的班级为例,就这个班级教师如何召集班级任课教师,共同研究问题原因探讨解决方案,阐述建立课堂常规的重要性及其方法。 (二) 各年段课堂常规 以“学习习惯”举例说明由低到高常规逐步提高的要求。 1. 低年段:手脚并拢坐坐好。 2. 中年段:书本学具摆放好。 3. 高年段:做好两分钟预备铃。	案例学习:PPT+画外音	史晓天 陈艳	30分钟
		二、学生课堂问题行为干预 一些个别学生的问题行为不仅需要集体课堂的干预,还需要个别化的行为训练,从而能有针对性地进行指导强化。 (一) 案例1:脑筋动起来,嘴巴停下来 这是一个中年级孩子的行为干预案例。这个孩子喜欢提问,提问内容却都与课堂无关,由于身体原因又易疲劳嗜睡,一睡就是一节课,老师就这一问题进行了个别干预。 干预方法: 1. 采取措施制止随意说话行为。 2. 通过辅助对其进行自我约束。 3. 调整教学内容使其能有效参与。 4. 合理设定目标,给予积极评价。 (二) 案例2:乐乐的故事 这是一个低年级孩子的行为干预案例。这个孩子上课好动,常常出现各种行为而打断老师上课,如拉扯同学等,又表现出“过度热情”。让我们来看看老师是怎么做的。	PPT制作数字故事+画外音	余爱丽 顾慧莉	20分钟 20分钟

（续表）

<table>
<tr><th>环节</th><th>学习目标</th><th>主要内容</th><th>学习方式</th><th>主持人</th><th>时长（共420分钟）</th></tr>
<tr><td rowspan="3">案例分析</td><td rowspan="3"></td><td>干预方法：
1. 安排丰富活动转移注意力。
2. 安排辅助教师辅导其参与。
3. 调整教学内容和难度助其参与。
4. 关注并表扬良好的行为。
5. 帮助其学会判断行为的对错。
6. 为其安排合适的小伙伴。</td><td></td><td></td><td></td></tr>
<tr><td>三、创建良好的课堂教学情境
以一节中年级“大家来争‘自锻章’”主题班会为例，探讨教师如何创建课堂教学情境。
（一）建立有序的课堂环境
（二）根据内容制定分层活动目标
（三）有序组织各种课堂活动
（四）对良好行为及时评价
（五）提供积极的辅助手段</td><td>教学实录分析</td><td>杨健</td><td>30分钟</td></tr>
<tr><td>作业：选择题10题，判断题10题（20分）。</td><td>完成作业</td><td>杨健</td><td>30分钟</td></tr>
<tr><td rowspan="2">实践反思</td><td rowspan="2">运用所学，进行实践。</td><td>作业：（30分）
提交一份案例，案例内容在A、B两项中二选一。
A：提交一份学生课堂问题行为干预的指导案例。
B：提交一份与创建良好的课堂教学情境相关的教学实录分析。</td><td>完成作业</td><td>杨健</td><td>90分钟</td></tr>
<tr><td>网上互动：（10分）
观看至少3份其他学员的作业，并围绕特殊学校课堂问题行为处理的方法发表评论。</td><td>讨论</td><td>杨健</td><td>40分钟</td></tr>
</table>

四、课程评价

（一）评价内容与方式

课程学习时间考核，教师全程参加网上课程学习，观看讲座、案例、评析等视频，至少连续完成80%的视频观摩时间。

课程作业考核，每个环节客观题正确率达到60%及以上可继续下一环节的学习，否则须重新进行该环节的学习；主观题可采用评议、点赞、讨论等手段评阅，主讲教师对优秀作业进行置顶展示与加分。

课程效果反馈，学员在课程结束后，在线填写《“特殊学校学生课堂问题行为与处理”网络课程效果反馈调查表》。

（二）课程作业

课程采用“通关”的评价形式，考察学员在课程各个环节中学习目标的达成度，即学员须完成每一个环节的评价任务并达到一定正确率，方能进入下一阶段的学习，全部“通关”后，达成课程目标。

作业采用客观题和主观题两种形式。(1)现象思考环节采用案例讨论分析，分值20分，考查学员是否针对该现象进行了思考。(2)理论学习环节有10道选择题和10道判断题（共20题），每题1分，共20分，考查学员是否掌握了理论学习的重点。(3)案例分析环节有10道选择题和10道判断题（共20题），每题1分，共20分，考查学员是否能够用理论分析和解决实际问题。上述三个环节总分值60分。(4)实践反思作业的目的是考查学员能否用学习到的理论指导并解决实践问题，分值30分。讨论议题并对其他学员作业发表评论计10分。该环节总分值40分。

（三）课程效果反馈

对学员课程满意度进行调查来反馈课程实施效果。学员在课程结束后，利用研修平台的在线评价功能和课程效果反馈表，对课程的主题、内容和效果等进行评价。

《“特殊学校学生课堂问题行为与处理”网络课程效果反馈调查表》

1. 您是否清楚本次微课程的目标？

A. 非常清楚　B. 比较清楚　C. 不太清楚　D. 完全不清楚

2. 请您对以下活动形式的效果进行评价，在相应的等级上画圈“○”（提示:按五级评价,5 代表最好,1 代表最差)。

活动形式	主题的针对性	内容的适切性	效果的满意度
1. 报告与研讨	5—4—3—2—1	5—4—3—2—1	5—4—3—2—1
2. 个别案例及分析	5—4—3—2—1	5—4—3—2—1	5—4—3—2—1
3. 集体干预及指导	5—4—3—2—1	5—4—3—2—1	5—4—3—2—1
4. 自主学习(作业)	5—4—3—2—1	5—4—3—2—1	5—4—3—2—1

3. 您对本次微课程的活动设计与安排是否满意?

A. 很满意　　B. 满意　　C. 一般　　D. 不满意

4. 您认为需要进一步加强的课程内容是哪一部分?

A. 专题报告　　B. 案例分析　　C. 互动研讨　　D. 自主学习

5. 您认为本次研修课程对您的工作开展有帮助吗,您有何改进建议?

____

____

徐汇区董李凤美康健学校

杨健主持(张琴、汪蔚兰、佘爱丽、史晓天、顾慧莉、陈艳)

“低年级小学生行为习惯培养”课程纲要

一、课程背景

我国当代教育家叶圣陶先生曾经说过：“教育是什么？往简单方面说，一句话，就是要养成良好的习惯。”小学低年段是学生形成良好行为习惯的关键期。只有在良好的行为习惯的保证下，学生才能学会认知、学会合作、学会做一个合格的小学生，最终成为一个全面发展的人。要培养学生良好的行为习惯，班主任首先要提高自身修养，为学生示范，同时学习先进的教育理念，更新思想观念，丰富自己的专业知识，在班级建设中切实重视培养学生的行为习惯。从教育现状看，我们的行为习惯培养教育上还是教师讲道理多，提要求多，学生知道方法少，培养习惯少。为此，本课程着重讨论如何从低年级开始培养学生良好行为习惯的问题，通过讲座、案例分析、网上互动研讨等形式，引导教师认识到低年级小学生行为习惯培养中存在的常见问题，学会分析其产生的原因；学习培养小学生良好行为习惯的基本原理和策略方法。

二、课程目标

1. 思考分析，了解小学生行为习惯养成中存在的常见问题与原因。

2. 学习理论、分析案例，了解小学生行为习惯养成的基本原理、实施策略和方法。

3. 运用所学的理论策略方法，对班级学生的行为习惯进行及时指导和实际演练。

三、课程内容与安排

环节	学习目标	主要内容	学习方式	时长(共370分钟)
现象思考	通过微讲座及问题思考,知道小学低年段行为习惯培养中的主要问题和成因。	一、对行为习惯培养的意义认识不深 二、对小学生行为习惯培养的方法掌握不够,选择不恰当,效果不明显	微讲座:PPT+个人讲解	5分钟
		作业:选择题10题。	完成作业	30分钟
理论学习	通过观看专题讲座和自学文本材料,知道小学生行为习惯的内涵、小学生行为习惯培养方法的基本原则与要求,理解这些教学方法的实施策略。	一、小学生行为习惯培养的内涵概述 (一) 小学生行为习惯培养的独特育人价值 (二) 明确小学生行为习惯培养的目标 二、小学生行为习惯培养的原则与要求 (一) 基本原则——理论联系实际 (二) 主要要求 1. 凸显育人目标。 2. 尊重个性差异。 3. 坚持传承创新。 三、小学生行为习惯培养常用教学方法 (一) 理论引领的讲授法 (二) 现实案例的讨论法 案例: 问:今年新接班情况如何? 答:虽然也有过教低段的经验,但每当接一个新班,面对几十张新面孔时,仍然会感到无比的吃力,觉得班里什么事情都是乱糟糟的,早上一进教室,孩子们毫无秩序地疯跑、打闹,桌子横七竖八,放学站队自由散漫,午饭后班里一片狼藉…… 问:那你有没有反思自己的教育方法呢? 答:我用了换位思考,或许对于这些六七岁的小朋友们来说,他只知道他是小学生了,要开始学习了,而到底具体应该做些什么,他们并不清楚,这就需要我们带领他们去进行一系列的实际演练。 指导策略:正视问题,换位思考,方法指导,实际演练。 (三) 实践体验和评价法	微讲座:PPT+互动谈话	45分钟

（续表）

环节	学习目标	主要内容	学习方式	时长（共370分钟）
理论学习		• ［美］简·尼尔森:《正面管教》 • 《正面管教 A—Z》	自学	45分钟
		作业:选择题15题,判断题15题。	完成作业	45分钟
案例分析	观摩课例、运用所学理论分析相关案例,掌握小学生行为习惯培养的具体原则和要求。	一、理论引领的讲授法案例分析 二、现实案例讨论法相关案例分析 案例: 如何指导孩子使用和整理课桌与书包柜有以下三个方法: 1. 识别标签。 教室里一般都有整齐划一的书包柜,有柜门或敞开式设计。第一步,认识并记住自己的书包柜位置,知道里面可以摆放哪些物品,如何摆放才是方便快捷实用的。 刚开始,由于孩子的识字量受限,需要一定的标签识别,可以使用班主任为每位新生编注的学号+姓名+照片,便于孩子们辨认自己和同学的柜子。 2. 展现个性。 可以设计专栏贴,让孩子们对自己的爱好、特长、特点等进行自我介绍,使他们相互之间更加了解,交到更多好朋友。 同时,可以发现一些热情主动、识字量大的孩子,培养他们成为班级的行为规范小干部,同伴互助。 3. 习惯培养。 （1） 召开班会,讨论如何使用、整理书包柜,在讨论基础上制定公约。 （2） 根据书包柜使用公约,结合每日的值日劳动清洁整理,选出示范员,督促检查其他同学养成好习惯。 三、实践体验和评价法相关案例分析	案例学习:3段视频案例+PPT+互动谈话	45分钟

（续表）

环节	学习目标	主要内容	学习方式	时长(共370分钟)
案例分析		讨论议题： ● 结合上传案例讨论教师运用的教学方法是否促进了小学生行为习惯的养成？请说明理由。 ● 课例运用了哪些具体方法？成功之处在哪里，还有什么需要改进之处？	观摩课例 网上互动研讨	45分钟
		作业：选择题20题。	完成作业	30分钟
实践反思	能运用所学理论知识改进自己的小学生行为习惯培养教学设计并在教学中实施、反思与再改进。	作业： 提交一份小学生行为习惯养成的教学设计（一课时及向课外日常生活的延伸），以及该设计基于的相关理论原则和教学方法运用的说明。	完成作业	40分钟
		网上互动： 阅读至少3份其他学员的作业，并围绕小学生行为习惯培养的策略方法运用要求发表评论。	发表评论	40分钟

四、课程评价

（一）评价内容与方式

课程学习时间考核，参加课程的教师必须全程参加本课程的网上课程学习，观看“低年级小学生行为习惯培养”相关的讲座、课例、评析等视频录像，阅读文本、拓展资料，每个阶段至少连续完成80%的视频观摩和文本阅读时间，为“达标”。

课程作业考核，每个环节的选择题、判断题正确率达到60%及以上可继续下一环节的学习，否则须重新进行该环节的学习；对案例分析部分章节的讨论议题，进行网上互动，发表观点1次，或对其他学员的观点评议1次。提交一份低年级小学生行为习惯养成的教学设计及说明，主讲教师审阅并完成评分。

课程效果反馈，学员在课程结束后，在线填写《“低年级小学生行为习惯培养”网络课程效果反馈调查表》。

（二）课程作业

课程采用“通关”的评价形式，考查学员在课程各个环节中学习目标的达成度，即学员须完成每一个环节的评价任务并达到一定正确率，方能进入下一阶段的学习，全部“通关”后，达成课程目标。

作业采用客观题和主观题两种形式。(1)现象思考环节有10道选择题，每题1分，共10分，呈现若干现象分析结果的答案供选择，考查学员是否针对该现象进行了思考。(2)理论学习环节有15道选择题和15道判断题（共30题），每题1分，共30分，考查学员是否掌握了理论学习的要点和重点。(3)案例分析环节有20道选择题，每题1分，共20分，提供若干案例分析结果的答案供判断、选择，考查学员是否能够用理论分析实际问题。三个环节中所有客观题相加后的总分值是60分。(4)实践反思作业的目的是考查学员是否能用学习到的理论指导并解决实践问题。要求学员提交1份小学生行为习惯养成的教学设计，以及该设计基于的相关理论原则和教学方法运用的说明；阅读至少3份其他学员的作业，并围绕小学生行为习惯培养的策略方法运用要求，发表1次评论。分值为40分，提交教学设计30分，发表评论为10分。

（三）课程效果反馈

对学员课程满意度进行调查来反馈课程实施效果。学员在课程结束后，利用研修平台的在线评价功能和课程效果反馈表，对课程的主题、内容和效果等进行评价。

《“低年级小学生行为习惯培养”网络课程效果反馈调查表》

1. 请您在相应的等级上画圈“○”（提示：按五级评价，5代表最好，1代表最差）。

专题或活动	主题的针对性	内容的适切性	效果的满意度
1. 微型讲座	5—4—3—2—1	5—4—3—2—1	5—4—3—2—1
2. 案例分析	5—4—3—2—1	5—4—3—2—1	5—4—3—2—1
3. 互动评论	5—4—3—2—1	5—4—3—2—1	5—4—3—2—1
4. 自主学习（作业）	5—4—3—2—1	5—4—3—2—1	5—4—3—2—1

2. 您是否清楚此次研修课程的目标?

A. 非常清楚　　B. 比较清楚　　C. 不太清楚　　D. 完全不清楚

3. 您认为本课程最有效的课程形式是?

A. 微型讲座　　B. 案例分析　　C. 互动研讨　　D. 自主学习(作业)

4. 您认为本课程中,需要进一步加强的课程内容是哪一部分?

A. 理论知识　　B. 案例分析　　C. 实践内容

5. 您对本次研修课程的设计与安排是否满意?

A. 很满意　　B. 满意　　C. 一般　　D. 不满意

6. 对于本次研修,您有何改进建议?

____

____

徐汇区龙南小学　陈　静

“对多动症学生的管教”课程纲要

一、课程背景

2013 年,中华医学会儿科分会公布了一组数据,我国儿童多动症患病率是 3%—5%,相当于平均 50 人的班级中有 2—3 个多动症儿童,意味着中国有近 2000 万的儿童患有多动症,但就诊率不足 1%。

现行的教育方式下,孩子的自控能力、自学能力、“抗压”能力都要很强才能适应,但多动症儿童几乎不可能适应这样的考验与压力。他们常常“扰乱”教师正常的教育教学秩序,影响其他同学正常的学习,因此也常受到批评指责、嘲笑谩骂,甚至有些班级的家长联名要求将他们赶出班级,这些做法直接影响到多动症孩子的自我评价,给他们的心理发育造成极其不利的影响。再加上有些多动症儿童家长平时工作繁忙,压力大,几乎没有更多的时间和必要的耐心来关注孩子,帮助孩子,看着他们学习跟不上,行为、语言不能达到期望的结果,就采取简单粗暴的教养方式,致使这些孩子越来越孤僻,越来越不听话,甚至出现人格缺陷。

我们的课程就是要指导教师通过现象思考,反思自己对多动症儿童的教育行为;通过聆听讲座、分析案例,了解多动症儿童的基本特征,掌握班集体中对其进行教育的基本方法,解决班级管理中的实际问题。

二、课程目标

1. 现象思考,反思自己对多动症儿童的管教行为。

2. 聆听讲座、分析案例,了解多动症儿童的基本特征,掌握在班集体中管教多动症儿童的基本方法。

3. 实践操作,根据班情开展多动症儿童教育的个案研究。

三、课程内容与安排

活动阶段	活动内容	活动目的	学习方式	时长(共450分钟)
现象分析	1. 初步了解我国儿童多动症患病率,以及儿童多动症的基本特征和病因。 2. 了解当前的教育现状和环境对病儿成长的不利因素,反思自己在教育上存在的问题与困惑,形成共识。	儿童多动症的行为主要表现: 1. 活动过多,缺乏自我控制能力。 2. 异乎寻常的注意力不集中、不稳定。无抵御环境干扰的意志力量。 3. 情绪不稳,多冲动行为,做事不考虑后果,任性而行。 4. 行为不良,好打架斗殴,爱发脾气,横行霸道,不服管教。 5. 学习困难,智力发育虽基本正常,但学不进去,有厌学情绪。	学习案例	25 分钟
		作业:选择题 5 题。	完成作业	22 分钟
理论学习	1. 了解班主任为多动症学生营造健康成长环境的基本途径。 2. 初步掌握班主任与家长沟通时应该遵循的三个原则。 3. 初步掌握多动症儿童在校的日常管理,以及课堂教学中的常规管理法则。	一、为多动症学生营造健康成长的环境 案例:给多动症孩子开“一个人的班级” 9 月 1 日开学,某学校三年级(3)班的家长代表给媒体“爆料”——该班有一名多动症儿童,有动手打同学的习惯,极大影响了班级的教学秩序。家长集体要求学校给说法。如果该学生不离班,31 名家长不能放心,只能陪同孩子一起上课。 这种情况对学校、班集体、多动症患儿及其家庭都带来了负面的影响。那么作为班主任,班级中如果出现了多动症学生,我们应该怎么管理,才能掌握工作的主动呢? 班主任应该从三方面入手:第一,学校方面。班主任要及时向领导汇报多动症儿童的在校表现及自己的教育管理工作,取得广大教师的支持与配合。第二,患者家长方面。班主任要客观反映学生的在校表现,提醒家长关注,引导家长及时带孩子检查治疗。第三,其他学生及其家长。班主任要正面引导班级里其他学生及家长理解体谅患病同学,关爱帮助他,减少他的心理压力。		

（续表）

活动阶段	活动内容	活动目的	学习方式	时长（共450分钟）
理论学习		二、了解了儿童多动症的特点 班主任应承认差异，在工作中多一分理解与宽容，努力做到以下几点，和多动症学生建立充满信任和理解、关怀和爱护、真诚和尊重、宽容和接受氛围的新型师生关系。 （一）关注多动症学生在学校的活动 既要让他们参加各种文体活动，又要避免危险游戏，使他们过多的精力能够正确释放出来。 （二）常和多动症学生谈心 使他们认识到多动症对自己日常学习、生活和未来的危害，指出多动症是一种常见的儿童行为障碍，是完全可以治好的，通过鼓励、安慰、启发和暗示等手段，帮助多动症儿童树立信心，改善行为。 具体操作时，要注意以下几点： 1. 要以亲情铺垫，才能吸引患儿的注意力。 2. 涉及对多动症儿童的评价时，特别注意要做到“先扬后抑”，表扬中不忘批评和提醒。 3. 适时地运用“激将法”，会起到锦上添花的谈话效果。 （三）实施目标管理法 班主任为多动症学生设定的目标应该是外在的、具体的、可以观察的，而且具有一定的灵活性，便于直接调整和控制。要帮助学生设立具有一定挑战性的，但通过努力又能实现的目标。在为学生设定目标的过程中，班主任应该尽量使学生参与到目标设计的过程中，让孩子了解并且认同目标，这样才可为后面的行为提供动力。目标实现后，应该采取各种形式加以激励和肯定，强化和调动学生完成目标的积极性。 三、掌握针对多动症儿童进行课堂管理的原则和方法 （一）原则 1. 要求应适当降低。 2. 奖惩要及时，要分明。	微报告	88分钟

（续表）

活动阶段	活动内容	活动目的	学习方式	时长（共450分钟）
理论学习		（二）方法 1. 安排多动症儿童坐在教室的前排或老师可以看得到的地方，尽量减少额外的刺激，避免患儿分心，同时便于老师指导和监督。 2. 课前谈话，提醒注意自己行为。 3. 教学中尽可能使用电化教学手段或直观教学方法，以提高其对学习活动的注意力和兴趣。 4. 对待多动症学生的作业，要遵循循序渐进的教育原则，逐步培养学习的兴趣和能力，要教会多动症学生做作业的一般方法。 5. 对于患儿的课堂违纪行为，可据情节轻重，分别采取提醒、警示和单独批评等方法处理。处理时，尽可能缩小影响范围，避免对立情绪的产生。		
		作业：选择题5题。	完成作业	60分钟
案例分析	1. 说服家长带孩子去相关医院做检查。 2. 正确分析案例中学生的行为问题，并运用课堂教学中的常规管理法则对多动症儿童进行教育管理。	案例一： 某小学一年级学生S，活泼多动，脾气暴躁、任性，经常与同学发生争吵，动手打人，脾气一上来就控制不住，甚至会顶撞老师。课堂上，他想说就说，想唱就唱，想走就走，无所顾忌，疑似多动症。 案例二： 一日体锻课，同学们一起玩打野鸭游戏，S被打到，就冲着击中他的同学吼叫，还把其他同学拉到身前当盾牌。一会儿，他又抢走打野鸭用的球，不让大家玩。 一、分析案例 问题1：如果你是S的班主任，你如何说服家长带孩子去相关医院做检查？ 问题2：如果你是S的班主任，对于S霸道的行为，你如何对他进行管教？	案例研究	60分钟

（续表）

活动阶段	活动内容	活动目的	学习方式	时长(共450分钟)
案例分析		二、思考与建议： 问题1 班主任要说服S的家长带孩子去医院做检查，首先，必须做好谈话前的准备。这些准备包括S在校表现的照片或视频资料，以及相关事件记录。其次，在谈话时，老师应该站在家长的立场表达自己的意愿，让家长感受到班主任老师的真诚。最后，如果家长侃侃而谈，班主任老师要耐心地倾听，给予理解。 问题2 案例中S的任性行为已经影响了同学们的正常活动，大家对其产生了强烈的愤慨，而S还倔强地抱着球。 此时班主任可组织同学做其他游戏活动，让S抱着球坐在一边，待其冷静后，再对其进行疏导、教育。教育时要抓住以下几个问题： 1. 游戏的目的是什么？（友好、快乐） 2. 一个人的快乐是快乐吗？（霸道） 3. 如果没有朋友，你会失去什么？让S明白，霸道的行为只会失去朋友，最终也失去自己想要的快乐。 4. 如果以后遇上这样情绪失控的事，我们可以对自己说连说三遍：快乐第一。		
		作业：选择题2题，判断题3题。	完成作业	60分钟
实践反思	1. 运用所学到的班主任在班集体中对多动症儿童的管教法则开展研究。 2. 初步掌握在班集体中对多动症儿童进行管教的方法。	班主任在班集体中对多动症儿童的管教的案例研究。 1. 研究对象的确立与分析 2. 研究主题的确定与目标 3. 研究的设定与调整 4. 研究报告的撰写	完成作业	135分钟
		作业：提交一份在班集体中对多动症儿童进行管教的研究案例 。		

四、课程评价

（一）评价内容与方式

课程学习实践考核，教师全程参加网上学习，观看讲座、案例、评析等录像，至少连续完成 80% 的视频观摩时间。

课程作业考核，客观题正确率 60% 及以上可继续下一环节的学习，否则需重新进行该环节的学习；主观题采用评议、点赞、讨论等手段评阅。

学员在课程结束后，在线填写《“对多动症学生的管教”网络课程效果反馈调查表》。

（二）课程作业

课程采用“通关”的评价形式，考查学员在课程各个环节中学习目标的达成度，即学员须完成每一环节的评价任务并达到一定的正确率，方能进入下一阶段的学习。全部“通关”后，达成课程目标。

作业采用客观题和主观题两种形式，客观题主要分布在现象思考、理论学习和案例分析三个环节，客观题分选择题和判断题两种，共 15 题，每题 5 分。三个环节中所有客观题相加后总分值是 75 分。主观题主要集中在实践反思环节，分值 25 分。

（三）课程效果反馈

学员在课程结束后，利用研修平台的在线评价功能和课程效果反馈表对课程的主题、内容和效果等进行评价。

《“对多动症学生的管教”网络课程效果反馈调查表》

1. 请您在相应的等级上画圈“○”（提示：按五级评价，5 代表最好，1 代表最差）。

专题或活动	主题的针对性	内容的适切性	效果的满意度
1. 报告与研讨	5—4—3—2—1	5—4—3—2—1	5—4—3—2—1
2. 课例及分析	5—4—3—2—1	5—4—3—2—1	5—4—3—2—1
3. 集体教研	5—4—3—2—1	5—4—3—2—1	5—4—3—2—1
4. 自主学习（作业）	5—4—3—2—1	5—4—3—2—1	5—4—3—2—1

2. 您是否清楚此次研修课程的目标？

A. 非常清楚　　B. 比较清楚　　C. 不太清楚　　D. 完全不清楚

3. 您认为最有效的课程形式是？

A. 专题报告　　B. 案例分析　　C. 互动研讨　　D. 自主学习

4. 您认为需要进一步加强的课程内容是哪一部分？

A. 理论知识　　B. 学科知识　　C. 实践内容

5. 您对本次研修课程的设计与安排是否满意？

A. 很满意　　B. 满意　　C. 一般　　D. 不满意

6. 对于本次研修，您有何改进建议？

____

____

徐汇区江南新村小学　马丽琤

“对‘问题学生’的教育策略”课程纲要

一、课程背景

班级是学校教育教学工作的基层组织，是教师和学生开展活动的最基本的组织形式。学校中的教学工作和思想品德教育工作主要是通过班级来进行的。班主任是学校中全面负责班级领导工作的教师，在完成教学任务的同时，又肩负着培养教育下一代的重任。班主任是班级的组织者、领导者和教育者，是学校教育决策、计划的执行者，是班级各科教育、教学的协调者，是学校、家庭、社会的沟通者，是学生美的心灵、健康人格的塑造者。因此，在培养符合社会发展需要人才的事业中，班主任起着较为重要的作用。拥有一支热爱学生、爱岗敬业、具有高度的责任心，又懂得科学育人的班主任队伍，是完成学校各项教育、教学任务的重要保证。向阳小学以教育部《关于加强中小学班主任工作的意见》和《中小学班主任工作规定》为指导，结合自身班主任队伍现状，有计划、有步骤地组织实施班主任教育能力提升培训。

本课程主要针对“问题学生”的教育策略开展班主任培训，对提高班主任工作的针对性、实效性和主动性，进一步优化班级管理起到积极的作用。每个学校都存在“问题学生”，“问题学生”不仅关系到学生自身的未来发展，还关系到班级、学校、家庭和社会的未来。什么是“问题学生”？在班主任教育工作中如何更好地解决这个棘手的课题？

二、课程目标

明确当前时期班主任工作的新特点、新要求，树立先进的教育理念，掌握对于“问题学生”的思想政治工作和思想道德教育的基本方法。

1. 了解“问题学生”的成因和类型。

2. 寻找教育和转化“问题学生”的路径，在尊重理解“问题学生”的基础上，以师德规范为学生示范。

3. 掌握对“问题学生”的教育策略，提升决策与解决问题的能力。

三、课程内容与安排

环节	学习目标	主要内容	学习方式	时长(共450分钟)
现象思考	通过案例,发现与反思在“问题学生”引导和教育中普遍存在的问题和难点。	一、看现象 (一) 部分“问题学生”日常的表现 (二) 部分班主任教育方法简单粗暴 (三) “问题学生”与家庭教育的关系 (四) 社会各界的反应	学习案例	10分钟
		二、分析原因 (一) 家长不能很好地言传身教 (二) 班主任缺乏经验,不能根据孩子产生的问题“因材施教” (三) 学生本身的学习问题、行为问题、心理问题及其他特殊问题等	问题讨论	10分钟
		作业:选择题5题,判断题5题。	完成作业	10分钟
理论学习	通过聆听讲座、阅读材料等方式,知道“问题学生”的成因,了解什么是“问题学生”(“问题学生”的类型),教育和转化“问题学生”有哪些好的策略,在工作中参考、运用、举一反三,指导教育“问题学生”是班主任工作中需掌握的重要能力之一。	一、调查问卷 了解班主任在教育“问题学生”中存在的困惑。	完成问卷	15分钟
		二、学习教育“问题学生”的相关理论 (一) “问题学生”的界定及分类 (二) 对“问题学生”的教育诊断 (三) 对“问题学生”的教育内容	微讲座	15分钟
		三、“问题学生”的成因 (一) 社会原因分析 (二) 学校原因分析 (三) 家庭原因分析 (四) 自身的原因分析 (五) 社会原因分析	互动式讨论	60分钟
		四、教育和转化“问题学生”的路径 (一) 关键是理解、关爱“问题学生” (二) 班主任道德施教 (三) 创设改变“问题学生”的情境 (四) 向家长和同事寻求帮助 (五) 及早预防问题的发生	互动式讨论	60分钟

（续表）

环节	学习目标	主要内容	学习方式	时长（共450分钟）
理论学习		五、教育“问题学生”的四个基本策略 （一）与心同行 （二）以情为伴 （三）借机而为 （四）倾力唤醒	微讲座	15分钟
		• 学习《教育部关于进一步加强中小学班主任工作的意见》等重要文件 •《班主任工作新视角》《爱的建议》《教师必须掌握的教育惩戒艺术》《班主任工作中的心理效应》《做一个聪明的班主任——对常见七类学生的教育艺术》等相关书籍	自学	45分钟
		作业:选择题15题,判断题15题。	完成作业	15分钟
案例分析	通过观摩实例,帮助班主任进一步提升教育理念,掌握指导“问题学生”的实用工作方法和技能,增强工作的针对性与时效性。	一、案例学习 案例1:小时候的“留级大王”长大后变身语文特级教师。 案例2:大拇指的力量——教师面对一个简单暴躁、武力型的“问题学生”是怎样因势利导、循循善诱。	学习案例	45分钟
		二、案例讨论 教育“问题学生”,班主任应具备哪些素养? 当我们指导的“问题学生”出现行为反复、时好时坏的时候,应该怎么处理?		
		作业:选择题20题,讨论题1题。	完成作业	30分钟
实践反思	班主任运用所学知识改进教育方法,在工作实践中注重教育引导“问题学生”,进行个案分析和追踪。	提交“问题学生”个案分析一份,及改进实施策略后的个案修改稿一份。	完成作业	60分钟
		讨论交流: 交流教育“问题学生”成功案例与失败案例,寻找更多的方法、策略和突破口。	讨论交流	60分钟

四、课程评价

（一）评价内容与方式

课程学习时间考核，教师全程参加网上课程学习，观看讲座、课例、评析等录像，至少连续完成80%的视频观摩时间。

课程作业考核，每个环节客观题正确率达到60%及以上可继续下一环节的学习，否则须重新进行该环节的学习；主观题可采用评议、点赞、讨论等手段评阅，主讲教师对优秀作业进行加分。

课程效果反馈，学员在课程结束后，在线填写《“对‘问题学生’的教育策略”网络课程效果反馈调查表》。

课程学习态度的考核，主要看参与课程的态度，能否积极地参与课程的活动，并准备好材料、完成好作业、展示出成果，对学习过程中起到模范带头作用者和成绩优秀者予以加分表彰。

（二）课程作业

课程采用“通关”的评价形式，考察学员在课程各个环节中学习目标的达成度，即学员须完成每一个环节的评价任务并达到一定的正确率，方能进入下一阶段的学习，全部“通关”即达成课程目标。

作业采用客观题和主观题两种形式。(1)现象思考环节有10道题，每题1分，共10分，呈现若干现象分析结果的答案供选择，考查学员是否针对该现象进行了思考。(2)理论学习环节有15道选择题和15道判断题(共30题)，每题1分，共30分，考查学员是否掌握了理论学习的重点。(3)案例分析环节有20道选择题，每题1分，共20分，提供若干案例分析结果的答案供判断、选择，考查学员是否能够用理论分析实际问题。三个环节中所有客观题相加后的总分值是60分。(4)实践反思作业的目的是考查学员是否能用学习到的理论指导并解决实践问题。要求学员提供初始作业(“问题学生”个案分析)一份、基于实践的改进作业一份(调整策略后的内容)，分值为40分，每个环节按完成度计各15分，完成质量为10分。

（三）课程效果反馈

对学员课程满意度进行调查来反馈课程实施效果。学员在课程结束后，利用研修平台的在线评价功能和课程效果反馈表对课程的主题、内容和效果等进行评价。

《"对'问题学生'的教育策略"网络课程效果反馈调查表》

1. 请您在相应的等级上画圈"○"(提示:按五级评价,5 代表最好,1 代表最差)。

专题或活动	主题的针对性	内容的适切性	效果的满意度
1. "问题学生"成因的报告与研讨	5—4—3—2—1	5—4—3—2—1	5—4—3—2—1
2. "问题学生"教育对策的报告与研讨	5—4—3—2—1	5—4—3—2—1	5—4—3—2—1
3. "留级大王"变身特级教师的课例及分析	5—4—3—2—1	5—4—3—2—1	5—4—3—2—1
4. 大拇指的力量的课例及分析	5—4—3—2—1	5—4—3—2—1	5—4—3—2—1
5. "问题学生"教学成功与失败案例的集体教研	5—4—3—2—1	5—4—3—2—1	5—4—3—2—1
6. 自主学习中推荐的文件和书籍	5—4—3—2—1	5—4—3—2—1	5—4—3—2—1

2. 您是否清楚此次研修课程的目标?

A. 非常清楚　B. 比较清楚　C. 不太清楚　D. 完全不清楚

3. 您认为最有效的课程形式是?

A. 专题报告　B. 案例分析　C. 互动研讨　D. 自主学习

4. 您认为需要进一步加强的课程内容是哪一部分?

A. 理论知识　B. 学科知识　C. 实践内容

5. 您对本次研修课程的设计与安排是否满意?

A. 很满意　B. 满意　C. 一般　D. 不满意

6. 对于本次研修,您有何改进建议?

____

____

徐汇区向阳小学　黄之颖

“大班幼儿参与班级管理的实施”课程纲要

一、课程背景

班级管理是一个动态的过程，是教师根据一定的目的要求，采用一定的手段措施，带领全班学生，对班级中的各种资源进行计划、组织、协调、控制，以实现教育目标的组织活动过程。班级管理是一种有目的、有计划、有步骤的社会活动。

目前在幼儿园班级管理过程中，主要以教师为主导，但在《幼儿园课程纲要》中也明确指出：建立良好的常规，避免不必要的管理行为，逐步引导幼儿学习自我管理。可见，教师有效地组织班级管理，并让幼儿参与管理，对于班级保教秩序和幼儿的发展，都具有积极重要的意义。

3—6 岁的儿童身心发展还不成熟，在一定程度上有赖于成人的照料与管理。进入大班阶段，孩子们的自我意识、自我服务的能力以及参与管理的愿望更加强烈。同时，面临入小学后的自我管理要求的提高，参与班级管理，促进自我管理能力的提升对大班幼儿来说都是十分有必要的。但在目前班级管理中，教师对如何让幼儿参与班级管理，参与的内容和方法上，还存在困惑。

针对以上问题，本课程指导教师通过课程学习，关注幼儿终身发展，关注幼小衔接，直面“自我管理”这一社会及工作中的实际热点问题；对“大班幼儿参与班级管理”的相关内容进行梳理，共享经验。

二、课程目标

1. 关注班级管理中的现状问题，针对大班年龄阶段幼儿的发展与需求，在班级管理中对提高大班幼儿的自主性与自控力进行思考与实践。

2. 对相关理论文本进行研读，了解在大班年龄段参与班级管理的作用和意义。

3. 通过案例分析"大班幼儿参与班级管理"的具体内容、途径与方法，并在工作中进行实践。

4. 根据学习的内容，在实际工作中进行实践，形成相关案例，进行经验总结和反思。

三、课程内容与安排

环节	学习目标	主要内容	学习方式	时长(共450分钟)
现象思考	1. 了解"班级管理"的内容与意义。 2. 了解本次课程的学习目的和意义。	一、为什么要在学前教育中开设班级管理课程 (一) 目前班级管理中存在的现状与普遍问题 (二) 主要内容的概述 (三) 课程目标与内容	互动研讨 视频讲座	25分钟 20分钟
		作业:学情分析，介绍自己在班级管理的现状(经验与问题)。	完成作业	30分钟
理论学习	了解班级管理的要求、方式、与途径。	二、各种文本中的班级管理要求与方法 (一) 学习《幼儿园工作规程》中班级管理的相关要求与内容 1. 班级管理的要求、内容与措施。 2. 幼儿培养目标。 3. 大班幼儿培养目标。 (二) 学习《上海市幼儿园课程指南》的相关要求与内容 1. 课程"四大板块"内容。 2. 生活板块"自理生活"。 3. 5—6岁幼儿年龄特点。 4. 5—6岁幼儿年龄段目标。 5. 5—6岁幼儿教育策略。 (三) 学习《3—6岁儿童学习与发展指南》中"社会"部分内容	自学	30分钟 30分钟 30分钟
		作业:选择题10题。	完成作业	30分钟

（续表）

环节	学习目标	主要内容	学习方式	时长(共450分钟)
案例分析	1. 大班幼儿参与班级管理的内容。	三、在实际工作,对大班幼儿参与班级管理的内容、途径与方法的经验梳理 (一) 案例 调皮的天天总是管不住自己,轮到他做值日生的时候,其他小朋友总是不听他的“指挥”,有的小朋友还会说,你自己也没做到,为什么还要我做呀! 在这样的对话中,孩子明显感到了“管别人”和“管自己”之间的关系,因此,参与班级常规的管理过程,也让孩子看到了自己日常行为中的问题,由此也会对自己的行为作出调整,是一个很好的“镜子”,也是一种很好的“警示”。	课例讨论	25 分钟
		(二) 大班幼儿参与班级管理的内容 1. 日常班级管理。 学会生活管理,是自我管理的第一步。 案例:来园这些事儿。 2. 自我生活管理。 参与班级常规管理,对自我管理具有促进作用。 案例:值日生的约定。 3. 自主学习管理。 学习管理,是今后学习生活中自我管理的重要内容。 案例:学习小组的故事。 4. 各项活动管理。 因地制宜,利用各种活动提供“管理机会”。 案例:争当活动“主持人”。		45 分钟
	2. 大班幼儿参与班级管理的具体途径与方法。	(三) 参与管理的途径与方法 1. 集体管理。 方法:班级公约、日常讨论。 案例:厕所门口的一米线。 在中小班,餐前或起床时,总是由教师进行安排和疏导,甚至是时时提醒,以避免厕所的人员过于拥挤。到了大班,通过集体的讨论,对一米线的了解,社会公约的学习,孩子们主动提出了各种解决的方式:“在门外等候”、调整如厕与叠被子的顺序(先叠被子后如厕,或者先如厕再叠被子)等。孩子们自己将这个问题解决了,并且可以更主动地执行,效果更好。		45 分钟

（续表）

环节	学习目标	主要内容	学习方式	时长（共450分钟）
案例分析		2. 组队管理。 方法：值日生组队与结对。 案例：我们在一起。 值日生工作是有分工的，有时候孩子们更热衷完成自己的工作，并不关注同伴的需求和任务。作为大班的孩子，“合作”“关注他人的情绪和需求”都是重要的发展需求，因此，孩子使用了“小组结对”的方式，强弱联手，不仅要完成自己的任务，还需要同伴也完成，才算成功。在这样的安排下，通常能力强的孩子都会主动关注同伴的需求并给予帮助，共同完成任务。在参与班级管理的同时，也是对自己的合作能力、情绪态度等各方面进行“自我管理”的挑战。 这样的“组队管理”在班级管理上使用非常广泛。例如，体育运动中的收整器具、学习活动中的合作完成作业、游戏中的设计与开展…… 3. 个人管理。 方法：各项竞选。 案例：升旗手的竞选故事。 每次竞选都是能力强的孩子获胜，怎么办？有些孩子总是没有人选，怎么办？ 作为能力的挑战和自我管理能力的发展积累，个人管理也是大班幼儿参与班级管理的一个重要途径。同时也需要关注个体，照顾到不同能力的孩子。 竞选采取“自我推荐”和“他人推荐”两种推荐方式。自我推荐更强调孩子对自己的认识、对自己的主动管理。他人推荐，更关注对其他同学的关心、关爱，学会接纳，学会发现别人的优点。这样的形式也更利于良好的班级氛围的建设，对于班级的管理来说也是十分有益的。		
		作业：选择题10题。	完成作业	20分钟

（续表）

环节	学习目标	主要内容	学习方式	时长（共450分钟）
实践反思	1. 将课程知识进行实践运用。 2. 对测评与数据分析，体验课程效果。 3. 案例撰写，初步实现理论对自身实践的指导。	四、运用理论指导实践，完成作业 （一）进行工作案例撰写、反思与经验梳理 （二）对实施过程和结果进行测评和分析 （三）对实施中存在的问题进行互动讨论	完成作业	共120分钟
		作业：结合日常工作，撰写一份班级管理的案例。		

四、课程评价

（一）评价内容与方式

课程学习时间考核，课程线上线下结合，教师需参加网上课程学习，观看讲座、视频、案例等视频内容，观看时间不得少于学习总内容的80%；每次完成相应的课后作业，完成率需达到80%，否则将不予以通过。

课程作业考核，教师需完成：(1)学情分析+互动交流。(2)对理论文本《幼儿园工作纲要》《上海市幼儿园课程指南》《3—6岁儿童学习与发展指南》中相关部分进行自学，并完成相关作业，正确率需达到60%及以上。(3)完成第三部分案例分析学习后，需完成课后作业，正确率需达到60%及以上。(4)完成结业作业，撰写一篇实践案例，以案例形式介绍自己学习后对班级管理的改进和成效，字数不少于1000字。

学员在课程结束后，在线填写《“大班幼儿参与班级管理的实施”网络课程效果反馈调查表》。

（二）课程作业

课程作业主要包括现象思考、理论学习、案例分析、实践反思四方面内容。

现象思考：个人班级管理情况简介（班主任年限、目前任几年级的班主任、管理中遇到的问题与困惑）（20分）。

理论学习：学习《幼儿园工作规程》《幼儿园工作纲要》《上海市幼儿园课程

指南》《3—6 岁儿童学习与发展指南》中相关部分学习及课后作业卷,共 25 分。

案例分析:完成课后作业卷、选择题各 10 题,共 25 分。

实践反思:撰写工作实践案例“班级管理工作中的改进和成效”,共 30 分。

(三) 课程效果反馈

对学员课程满意度进行调查,了解课程实施效果,学员在课程结束后,利用研究平台的在线评价功能,填写课程效果反馈表,对课程的主题、内容和效果等进行评价。

《“大班幼儿参与班级管理的实施”网络课程效果反馈调查表》

1. 您是否清楚此次研究课程的目标?(单选)

A. 非常清楚　　B. 比较清楚　　C. 不太清楚　　D. 完全不清楚

2. 请您根据本次学习的实际感受,填写相应的得分(提示:1—5 分,5 分最高,1 分最低)。

	主题的针对性	内容的适切性	效果的满意度
1. 现象思考			
2. 理论学习			
3. 案例分析			
4. 实践反思			

3. 您比较喜欢本次课程的哪些形式?(多选)

A. 理论自学　　B. 讲座视频　　C. 案例解读　　D. 作业问卷

4. 您认为此次课程培训对您的工作是否有帮助?(单选)

A. 很有帮助　　B. 有点帮助　　C. 完全没帮助　D. 说不清楚

5. 您对本次研修课程的设计与安排是否满意?(单选)

A. 非常满意　　B. 比较满意　　C. 不满意　　D. 说不清楚

6. 对本次研修,您有何改进建议?

____

____

徐汇区长桥第三幼儿园　江　岚

心 理 教 育

“高一学生自我反思能力的培养方法”课程纲要

一、课程背景

刚步入高中阶段的高一学生，进入全新环境，面临重新定位，进行新的自我认知。他们会在学习生活、人际交往等方面遇到各种问题，遭遇各类困惑。但他们常常只是把问题原因归结为外部环境，却不善于从自我的角度去反思。他们大多是独生子女一代，容易以自我为中心，缺乏自我反思的意识和能力。反思能力的匮乏，使他们遇到矛盾时往往怨天尤人，陷入迷茫。

高中学生进入了理性成长的重要时期，而反思能力的发展应该是其中的重要一部分。自我反思，是对自我生命的探索，这种指向生命内部的探索，能够让青年人在增长对自我认识的同时，激发其自我改善、自我成长的愿望，从而尝试去发展自我，提升自我。缺少自我反思的意识和能力，会对青少年理性精神的成长带来不利影响。

中国学生核心素养文化基础——科学精神培养中提到的理性思维与批判质疑，都与反思能力的培养有关。其中的重点是：具有问题意识；能独立思考、独立判断；思维缜密，能多角度、辩证地分析问题，做出选择和决定等。

而目前的教育现状是，班主任事务繁忙，往往对事情的关注多，对人的关心少；忙于解决问题，却没有培养学生自我反思的能力，缺乏对学生自我成长力量的激发。这样既使得班主任陷于事务之中，辛劳终日，又没有培养学生自我成长的能力。

本课程着眼于高一学生自我反思能力的培养，通过微型讲座、案例分析、网络互动研讨等形式，让班主任了解培养高一学生自我反思能力的意义，学习培养学生反思能力的方法，并尝试在实践中加以运用。希望本课程能对一线班主任建班育人的工作有一定的帮助。

二、课程目标

1. 了解常见的高一学生缺乏自我反思意识的现象,并对班主任的教育行为有所思考。

2. 懂得自我反思能力培养的重要性和意义,学习培养学生反思能力的方法。

3. 根据班级实际情况,尝试运用适当的方法来促进学生自我反思能力的生成,更好地实现建班育人的目标。

三、课程内容与安排

环节	学习目标	主要内容	学习方式	时长(共450分钟)
现象思考	1. 通过现象,发现并思考高一学生出现的问题。 2. 思考班主任老师的应对措施,认识到其对策的局限性。	一、高一学生学习生活中出现的问题和老师的应对 从初中学习到高中学习,是一个跨越式的改变,一些学生感到了极大的不适应,遭遇困惑、迷茫。 (一) 具体表现:拖欠作业等 (二) 老师的应对:加强规则教育、强化作业管理	微讲座	15 分钟
		二、高一学生呈现出的人际关系问题和老师的应对 (一) 高一学生不适应某些老师的教学、教育方式的现象 (二) 高一学生在新的同伴交往中遇到矛盾 (三) 老师的应对:适应性训诫、批评教育	微讲座	20 分钟
		作业:选择题 5 题。	完成作业	30 分钟

（续表）

<table>
<tr><th>环节</th><th>学习目标</th><th>主要内容</th><th>学习方式</th><th>时长(共450分钟)</th></tr>
<tr><td rowspan="3">理论学习</td><td rowspan="3">1. 了解自我反思能力的内涵、高一学生培养自我反思能力的价值及意义。
2. 掌握培养学生自我反思能力的基本方法，并理解反思能力培养在建班育人中的重要性和必要性。</td><td>一、自我反思能力的内涵</td><td>微讲座</td><td>10分钟</td></tr>
<tr><td>二、高一学生自我反思能力培养的价值和意义
自我反思能力的培养有助于学生认识自我，发现自身特点，进行自我生命的探索。
自我反思能力的培养有助于学生在新的环境中找到自己的合理定位，制定适合自己的目标。
自我反思能力的培养有助于学生根据自我特点扬长补短，求得发展。
自我反思能力的培养能够促进学生的理性精神成长。
自我反思能力的培养在高一新的班集体创建中的重要性和必要性。</td><td>互动式微讲座</td><td>15分钟</td></tr>
<tr><td>三、高一学生自我反思能力的培养方法举例
（一）"三省"日记法
古人云，"吾日三省吾身"，请学生每天简要记录自己的小收获和小遗憾，思考如何增加收获，减少遗憾。
（二）借助心理测试认知自我法
苏格拉底说："教育的意义就是认识自我。"借助性格测试，增进学生对自我的认知，验证自我的感受，撰写感想（在心理测试过程中班主任要注重引导作用的正确运用）。
（三）体验式活动促进反思法
借鉴杜威"思维五步法"，设置情境，进行角色扮演，让学生在模拟现实的矛盾中去感受、体会，然后尝试解决之道（正确处理"思维五步法"的重点、难点，提升体验式活动的实效）。
（四）头脑风暴激发反思法
班主任指导学生就某一突出矛盾展开讨论，集思广益，汲取同伴智慧，反观自身，促进思考。</td><td></td><td></td></tr>
</table>

（续表）

环节	学习目标	主要内容	学习方式	时长（共450分钟）
理论学习		（五）撰写小结引导反思法 班主任指导学生从学习、活动、工作、人际交往、兴趣特长、努力方向等方面对自我进行小结，促进反思。 （六）同伴评价激发反思法 借助过新年互赠贺卡等活动，请学生互相写“我印象中的某某”卡片，让同伴的欣赏与品评触发自我反思。 （七）家庭辅助养成反思法 借助家庭教育的力量，在学生与家长充分协商的基础上，采取适切的家长提醒、督促等方式，促成学生养成反思的习惯。	微讲座	15分钟
		自学书目： 约翰·杜威：《我们怎样思维·经验与教育》 王坤庆：《精神与教育》 吴增强：《青少年心理辅导——助人成长的艺术》	自学	40分钟
		作业：选择题10题，判断题10题。	完成作业	40分钟
案例分析	1. 通过观摩实例，了解培养反思能力的意义和价值。 2. 掌握培养的基本方法并理解其在建班育人中的重要性和必要性。	一、培养自我反思能力的重要意义 以“我们的翅膀，我们的肩膀”的案例引导“立下大志，做好小事”的反思。	案例学习	45分钟
		二、培养自我反思能力的方法指导 以“评优风波”案例观摩了解反思能力培养的方法，思考其在育人方面所起的积极作用。	案例学习 微视频研讨	15分钟
		案例讨论： 班主任是如何引发学生的反思的？这样的反思对学生成长有何价值和意义？ 班主任采取了怎样的方式方法激发学生的反思的？这对于建班育人有怎样的作用？	案例学习	45分钟
		作业：选择题5题，判断题5题。	完成作业	30分钟

（续表）

环节	学习目标	主要内容	学习方式	时长(共450分钟)
实践反思	在了解以上内容后,将自己在培养高一学生反思能力方面的所思所学尝试运用于班主任工作中。	作业: • 提交一份案例。记录自己在培养学生自我反思能力方面的尝试和带来的思考。 • 提交一份在引导学生进行自我反思方面遇到的困惑与思考。	完成作业	90分钟
		网上互动: 要求全体学员参与,围绕主题充分发表各自的见解,并观看至少3份其他学员的作业,并发表评论。注重观点的时代性、针对性。	讨论	40分钟

四、课程评价

(一) 评价内容与方式

课程学习时间考核,教师全程参加网上课程学习,观看讲座、案例、评析等视频,至少连续完成80%的视频观摩时间。

课程作业考核,要求每个环节客观题正确率达到60%及以上;主观题可采用评议、点赞、讨论等手段评阅,主讲教师对优秀作业进行置顶展示与加分。

课程效果反馈,学员在课程结束后,在线填写《“高一学生自我反思能力的培养方法”网络课程效果的反馈调查表》。

(二) 课程作业

作业采用客观题和主观题两种形式。(1)现象思考环节有5道选择题,每题2分,共10分;呈现若干现象分析结果的答案供选择,考查学员是否针对该现象进行了思考。(2)理论学习环节有10道选择题和10道判断题(共20题),每题2分,共40分,考查学员是否掌握了理论学习的重点。(3)案例分析环节有5道选择题和5道判断题,每题2分,共20分;提供若干案例分析结果的答案供判断、选择,考查学员是否能够用理论分析实际问题。三个环节中所有客观题相加后的总分值是70分。(4)实践反思作业的目的是考查学员是否能用学习到的方法指导并解决实践问题。要求学员提供基于实践的改进作业一份(修改后的教学设计、讲稿或实施方案)、遇到的困惑问题及分析一则,分值为30分。

(三) 课程效果反馈

对学员课程满意度进行调查来反馈课程实施效果。学员在课程结束后,利用研修平台的在线评价功能,填写课程效果反馈表,对课程的主题、内容和效果等进行评价。

《"高一学生自我反思能力的培养方法"网络课程效果反馈调查表》

1. 在您的教育实践经历中,本课程所展现的高一学生的问题是否突出?

A. 突出　B. 比较突出　C. 不突出　D. 不清楚

2. 您认为此次研修课程的培养目标定位是否准确?

A. 非常准确　B. 比较准确　C. 不太准确　D. 不清楚

3. 您认为最有效的课程形式是?

A. 微型讲座　B. 案例分析　C. 互动研讨　D. 自主学习

4. 您认为需要进一步加强的课程内容是哪一部分?

A. 理论学习　B. 案例分析　C. 实践内容

5. 您对本次研修课程的设计与安排是否满意?

A. 很满意　B. 满意　C. 一般　D. 不满意

6. 对于本次研修,您有何改进建议?

____

____

上海市南洋模范中学　杜嘉陵

“中学心理课堂指向深度学习的学习心理团体辅导活动实施”课程纲要

一、课程背景

学校心理健康教育的重要目标之一是指导学生学会学习，旨在科学开展学习心理指导，帮助学生自主发展学习能力。《上海市中长期教育改革和发展规划纲要》明确以“为了每一个学生的终身发展”作为贯穿该纲要始终的教育核心理念。培养与提升学生的学习能力，是当前学校教育的重要任务。

中学生学习心理辅导亦是学校心理教育工作的难点与挑战。各所学校均会开展新学期适应、学科学习方法指导、考前心理焦虑疏导等一系列讲座与团体辅导工作，但依然存在许多学习心理方面的问题，困扰着广大师生。教育工作者们都认同这一理念:学生需要“学会学习”，但究竟具体怎样才是“学会学习”？除了认真听课、记好笔记、学会预复习等方法以外，学校心理教育究竟应开展怎样的学习心理团体辅导才能更为有效？这是许多学校心理与德育教育工作者的困惑。

《中小学心理健康教育指导纲要》明确指出，“中学生最关心、最渴望解决的还是学习方面的障碍、苦恼与困惑”。目前，解决学生的学习困惑基本依然属于班主任的班级建设范畴，停留在学习经验分享的层次，是孤立的、片段的内容，与当代学生急需深入了解学习本身的迫切需求不相一致。如今互联网可以帮助学生“秒得”知识信息，学习已然不再是单纯获取知识，而是深入进行知识建构以及有效运用所学解决问题。培养学生的深度学习能力，已然成为学生发展的重要核心素养，是学校心理教育工作的重要方向，但有关指向深度学习的学习心理团体辅导活动的探索较少。

基于以上思考，开发“中学心理课指向深度学习的学习心理团体辅导”课程，有效支持班主任老师们探索适合本班级大多数学生实际、应用性强、有效提升学生深度学习能力的教育途径，以学生主体为本，科学开展学习心理指导，引导学生自主发展学习能力。

二、课程目标

1. 认识当前学习心理团体辅导活动存在的问题与不足。

2. 了解国内外教育教学专家关于深度学习研究的基本理念，以及关于深度学习的意涵、特征、发生条件。

3. 初步掌握中学心理课堂指向深度学习的学习心理团体辅导活动实施的要点和路径。

三、课程内容与安排

<table>
<tr><th>环节</th><th>学习目标</th><th>主要内容</th><th>学习方式</th><th>时长（共450分钟）</th></tr>
<tr><td rowspan="3">现象思考</td><td rowspan="3">1. 通过案例分享，能审视常规学习心理的团体辅导、讲座或班会的问题，并从中认识到这种学习心理团体辅导活动的不足。
2. 通过案例分享，了解中学生在学习过程中存在的主要问题与困惑，并探索这些问题的成因。
3. 完成环节作业，巩固和检测学习成果。</td><td>一、常规学习心理的团体辅导、讲座或班会存在的问题
常规学习心理的团体辅导、讲座或班会效果不佳。</td><td>学习案例</td><td>20分钟</td></tr>
<tr><td>二、学生学习心理辅导的困惑
（一）学生学习过程中存在的主要问题与困惑
（二）思考学生学习过程中存在的主要问题与困惑的原因</td><td>学习案例</td><td>20分钟</td></tr>
<tr><td>作业：选择题5题。</td><td>完成作业</td><td>20分钟</td></tr>
<tr><td rowspan="4">理论学习</td><td rowspan="4">1. 了解国内外教育教学专家关于深度学习研究的基本理念。
2. 了解国内外教育教学专家关于深度学习的成功研究，并从中得到启示。
3. 了解深度学习的意涵、特征、发生条件。
4. 掌握中学心理课堂指向深度学习的学习心理团体辅导活动实施的要点和路径。
5. 完成环节作业，巩固、检测学习成果。</td><td>一、深度学习的意涵、特征、发生条件
（一）深度学习的意涵
（二）深度学习的特征
（三）深度学习的发生条件</td><td>微报告</td><td>30分钟</td></tr>
<tr><td>二、中学心理课堂指向深度学习的学习心理团体辅导活动实施的要点和路径
（一）深度学习的团体心理教育活动的设计要点
（二）深度学习的团体心理教育活动的实施要点</td><td>微报告</td><td>30分钟</td></tr>
<tr><td>三、深度学习的重要研究案例</td><td>自学材料</td><td>60分钟</td></tr>
<tr><td>作业：选择题10题，判断题10题。</td><td>完成作业</td><td>30分钟</td></tr>
</table>

（续表）

环节	学习目标	主要内容	学习方式	时长(共450分钟)
案例分析	1. 通过观摩课例，了解心理课堂指向深度学习的学习心理团体辅导活动实施的要点与路径。 2. 通过观摩课例研讨，了解课例成功的经验和存在的问题，掌握指向深度学习的学习心理团体辅导活动实施的基本要点和主要路径。 3. 完成环节作业，巩固、检测学习成果。	一、课例《书桌前的力》 （一）课前教师调查选择困扰学生的典型学习心理问题 （二）课堂上教师搭建具体学习情境，组织学生深入分析内在心理成因 （三）引导学生开展同伴互助探索困惑的处理与问题的解决	学习课例	45分钟
		二、《书桌前的力》研讨、反思与重建 （一）介绍本堂课的课程背景与教学目标 （二）研讨活动设计的依据 （三）研讨活动实施的要点 （四）研讨活动开展的重要环节 （五）研讨组织学生讨论、思考与问题解决及反馈的环节，逐个落实每个环节 （六）授课教师的反思与重建	观摩研讨	45分钟
		作业：选择题5题，判断题5题。	完成作业	30分钟
实践反思	体验课程的实施效果，巩固课程要点，初步实现理论对自身实践的指导。	开展互动讨论，运用理论指导实践，完成作业： • 通过对学生体验课程的效果评审，完成一份指向深度学习的学习心理团体辅导活动的方案设计（文本）。 • 通过对学生体验课程的实施效果问卷调查，完成一份该方案实施的课堂实录（文本）。	完成作业	120分钟

四、课程评价

（一）评价内容与方式

课程学习时间考核，教师全程参加网上课程学习，观看讲座、课例、评析等录像,至少连续完成80%的视频观摩时间。

课程作业考核,采用客观题与主观题相结合的方式。客观题以单选题与判断题为主,考核学习效果;主观题以互动讨论、活动设计与课堂实录为主,开展实践反思,主讲教师对优秀作业进行置顶展示与加分。

课程效果反馈,学员在课程结束后,在线填写《"中学心理课堂指向深度学习的学习心理团体辅导活动实施"网络课程效果反馈调查表》。

(二)课程作业

课程采用在线评价的形式,考察学员在课程各个环节中学习目标的达成度,学员须完成每一个环节的评价任务并达到一定正确率,完成每个阶段学习,达成课程目标。

作业采用客观题与主观题两种形式,总分值为100分,合格为60分。

客观题主要分布在现象思考、理论学习和活动分析三个环节,各个环节客观题的分值和目的不相同,单选题与判断题。现象思考环节有5道选择题,每题2分,共10分;呈现若干现象分析结果的答案供选择,考查学员是否针对该现象进行了思考。理论学习环节有10道选择题和10道判断题,每题2分,共40分,考查学员是否掌握了理论学习的重点。活动分析环节有5道选择题和5道判断题,每题2分,共20分;提供若干案例分析结果的答案供判断、选择,考查学员是否能够用理论分析实际学习中的有关问题。三个环节中所有客观题相加后的总分值是70分。

主观题主要集中在实践反思环节,互动讨论2题,每题3分,实践成果2题,每题12分,共30分。开展互动讨论,进行方案设计、课堂教学实践或开设讲座等,考察学员能否用学习到的理论指导并解决实践问题。

(三)课程效果反馈

对学员课程满意度进行反馈调查来了解课程实施效果。学员在课程结束后,利用研修平台的在线评价功能,填写课程效果反馈表,对课程的主题、内容和效果等进行评价。

《"中学心理课堂指向深度学习的学习心理团体辅导活动实施"网络课程效果反馈调查表》

1. 通过培训,您是否对中学生深度学习的有关特点有所了解?

A. 非常了解　　B. 基本了解　　C. 不了解

2. 通过培训,您是否对指导中学生深入学习的活动实施有所了解?

A. 非常了解　　B. 基本了解　　C. 不了解

3. 您认为本次研修课程对您指导学生学习有帮助吗?

A. 很有帮助　　B. 一般　　C. 没有帮助

4. 您对本次研修课程的设计与安排是否满意?

A. 很满意　　B. 满意　　C. 一般　　D. 不满意

5. 对于本次研修课程,您有何改进建议?

___

___

上海市第二中学　周　宇

"初三毕业班学生心理辅导"课程纲要

一、课程背景

当今多元化的社会,来自学校、家庭等多方面的原因,给很多孩子幼小的心灵造成较大的压力。让孩子快乐健康成长,使孩子德、智、体、美、劳、心理全面发展,这是社会、学校、家庭的一项重要任务。尤其是作为班主任,应适应新时期的德育工作要求,积极参与学生的心理辅导工作,充分发挥班主任在心理健康教育中的优势,对学生的道德情操和心理品质进行综合的培养和训练,塑造具备良好的心理特质的健全人格。

学生心理教育是教育的关键组成部分,也是开展素质教育的重要内容,更是目前学校教育面临的新要求和新任务。学生在全面发展的过程中,其心理素质的发展应居于核心地位,尤其是中学阶段,学生的身心正发生着巨大的变化。他们的生理开始迅速发育,自我意识迅猛发展。再加上家长殷切的期望、激烈的学业竞争、现代社会中各种信息的传播等,又较大程度地影响了他们的学习效率。因此,班主任应充分认识到心理辅导工作是整个班务工作的重要组成部分,并应掌握基本的相关知识和技能,这对整个班务工作的顺利开展,对于学生成绩的提高,有着不可或缺的作用。

初中毕业阶段是人生的重要转折阶段,每个学生以及学生的家长都面临升学的选择。沉重的学业负担、父母的期望、自己对自己的要求,使得毕业班学生所承受的压力远远超过了其他年级的孩子。初三毕业班学生中,普遍存在面对升学压力,缺乏调节自身心理和情绪的方法以及缺少疏导压力的渠道的问题,多重因素导致自信心的丧失,甚至是自我价值的全盘否定。

二、课程目标

1. 了解初三班主任进行心理辅导应该具有的工作素养。
2. 了解初三毕业班学生中存在着几种心理问题及其主要特征。
3. 明确班主任在学校心理辅导中的边界问题,认清自己的职责。
4. 提供具体案例,引起班主任思考。

三、课程内容与安排

环节	学习目标	主要内容	学习方式	时长(共265分钟)
现象思考	通过案例分析,让老师们深入思考,各抒己见,进行思维碰撞,获得提升。	一、案例呈现 小明原本学习成绩一直处于年级前列,由于二模考没有考好,受到了父母严厉的责骂;一些原本成绩不如他的同学在二模考中总分高于他,于是开始嘲笑奚落他。巨大的压力使他一下子崩溃,产生了严重的焦虑情绪,不得不休学一年。如今,他来到了我们班,家长给予了极大的期望,领导给了我极大的期待,我该怎么做,才能更好地帮助小明同学呢?	案例学习	5分钟
		二、交流分析,思考问题 小明同学为什么会产生严重的焦虑情绪? 遇到小明同学这种情况,你会采取什么方法给予帮助?	讨论交流	20分钟
		三、在线作业 通过对之前讨论的结果的分析,归纳出自己的观点,并上传至作业区。	在线上平台发言	10分钟
		作业:在线平台上完成200字左右针对上述两个问题的发言。	完成作业	10分钟

（续表）

环节	学习目标	主要内容	学习方式	时长（共265分钟）
理论学习	通过观看视频、理论学习，知道初三学生中普遍存在的心理问题、初三班主任进行心理辅导的方法及初三班主任在进行心理辅导时需要的素养。	一、归纳初三毕业班学生中存在的心理状态 （一）焦虑紧张的心理 （二）惊慌迷惘的心理 （三）失落对抗的心理	理论学习	10分钟
		二、提出建议 （一）初三班主任的心理辅导策略 1. 上好心理辅导课，培养良好心理品质。 2. 组织小组辅导的形式，让学生们互帮互助。 3. 开展班级活动、参加学校的各类活动。 （二）初三班主任进行心理辅导的工作素养 1. 对班主任工作产生感情并能真心地对待班上的所有学生。 2. 言必行，行必果，又热情似火、心细如丝。 3. 永葆童心，和学生有共同语言又勇于负责。 4. “文武全才”又要甘当“幕僚”。 5. 熟悉心理学，会用心理学知识来指导学生。	课堂实录、视频观看、理论指导。	60分钟
		作业：选择题10题。	完成作业	20分钟
案例分析	通过对案例的跟踪反馈，分析教育效果成功与否，有没有更好的教育方式。	一、展示完整的案例 《现代班集体情景下各学段班主任素养——初三年级学生心理辅导》	案例学习	10分钟
		二、讨论交流 案例中的教育效果成功与否？ 你觉得有没有更好的教育方式？	分析讨论	20分钟
		作业：选择题5题，判断题5题。	完成作业	10分钟
实践反思	通过实践和发现，反思自己或周围同事在进行学生心理辅导时的得与失。	作业：提交参加本课程培训的小结反思。	完成作业	90分钟

四、课程评价

（一）评价内容与方式

课程学习时间考核，学员全程参加网上课程学习，观看交流讨论、理论学习、交流分析等录像，至少连续完成80%的视频观摩时间。

课程作业考核，(1)现象思考环节，完成主观题，在线平台上完成200字左右针对两个问题的发言。(2)理论学习环节，完成客观题，选择题10题。(3)案例分析环节，完成客观题，选择题5题。(4)实践反思环节，完成主观题，提交参加本课程培训的小结反思。

课程效果反馈，学员在课程结束后，在线填写《"初三毕业班学生心理辅导"网络课程效果反馈调查表》。

（二）课程作业

课程采用"通关"的评价方式，考察学员在各个环节中学习目标的达成度，即学员须完成每一个环节的评价任务并达到一定的正确率，方能进入下一阶段的学习，全部"通关"后，达成课程目标。

作业采用客观题和主观题两种形式。(1)现象思考环节，学员在线完成针对性发言，分值为20分。(2)理论学习环节，选择题10题，共30分。(3)案例分析环节，选择题5题，每题3分，判断题5题，每题3分，共30分。(4)实践反思环节，提交参加本课程培训的小结反思，20分。四个环节共100分，满60分，合格通过。

（三）课程效果反馈

对学员课程满意度进行调查来反馈课程实施效果。学员在课程结束后，利用研修平台的在线评价功能和课程效果反馈表，对课程的主题、内容和效果等进行评价。

《"初三毕业班学生心理辅导"网络课程效果反馈调查表》

1. 请您在相应的等级上画圈"○"（提示：按五级评价，5代表最好，1代表最差）。

专题或活动	主题的针对性	内容的适切性	效果的满意度
1. 现象思考	5—4—3—2—1	5—4—3—2—1	5—4—3—2—1

（续表）

专题或活动	主题的针对性	内容的适切性	效果的满意度
2. 理论学习	5—4—3—2—1	5—4—3—2—1	5—4—3—2—1
3. 案例分析	5—4—3—2—1	5—4—3—2—1	5—4—3—2—1
4. 实践反思	5—4—3—2—1	5—4—3—2—1	5—4—3—2—1

2. 您是否清楚此次研修课程的目标？

A. 非常清楚　B. 比较清楚　C. 不太清楚　D. 完全不清楚

3. 您认为最有效的课程形式是？

A. 交流分析　B. 观看视频　C. 案例学习

4. 您认为需要进一步加强的课程内容是哪一部分？

A. 现象思考　B. 理论学习　C. 案例分析　D. 实践反思

5. 您对本次研修课程的设计与安排是否满意？

A. 很满意　B. 满意　C. 一般　D. 不满意

6. 对于本次研修课程，您有何改进建议？

____

____

上海市位育初级中学　范其一

“初中阶段青春期个案辅导方法指导——‘建立关系’”课程纲要

一、课程背景

青春期阶段，孩子的身体迅速生长发展，其心理也开始明显变化并逐渐成熟。这一时期的孩子可能会因为自身的生理、心理变化而产生各种不适应的反应，或一系列的心理卫生问题。初中正是整个青春期发育的重要阶段，虽然中学心理课和科学课上都有关于青春期教育的内容，然而，课堂教育有其局限性，教授的多是有共性的知识内容，而每个孩子遇到的问题却各不相同。班主任、心理老师作为学生的辅导者，往往存在对学生实际问题了解不够而无法对症下药或缺乏辅导方法的问题。辅导中容易忽略孩子真实感受，找不到孩子情绪或行为问题背后的根源；简单使用“教训”“批评”或“讲道理”的方法，缺乏对孩子的理解和关怀。

因此本课程将通过讲座、案例分析、网络互动研讨等形式，指导班主任或心理老师在了解学生的各类青春期心理问题的基础上，更好地与学生建立关系，辅导学生在青春期阶段适应成长。

二、课程目标

1. 通过聆听讲座、学习理论，了解学生青春期阶段生理心理变化，了解咨询辅导的知识和作用，反思并矫正自身在辅导学生中存在的不足。

2. 通过聆听讲座、分析案例，了解建立关系对学生辅导的重要意义，并掌握如何在辅导学生青春期心理问题过程中建立良好关系，更好地利用同感来解决个案。

三、课程内容与安排

环节	学习目标	主要内容	学习方式	时长(共450分钟)
发现问题	通过班主任教育个案分享,发现青春期学生行为或情绪问题背后的心理、生理原因并认识到自身在辅导中存在的不足。	一、班主任个案中频现的学生问题 (一) 行为问题:交往关系、和家长老师对着干 (二) 情绪问题:暴躁冲动、自卑 案例1:只要读书不愿交往的孩子 案例2:喜怒无常的任性男孩 二、浅析学生行为问题或情绪问题背后的心理、生理原因	案例学习(案例分析):PPT+画外音	15分钟
		三、教师辅导中遇到的困惑 (一) 对学生实际问题了解不够,无法对症下药 (二) 缺乏辅导方法因而无从下手的问题 案例1:无“痘”不青春 学生小慧进入青春期后,脸上的痘痘越来越多,她很苦恼,总想用手去挤破它们,还担心同学嘲笑她。 教师辅导方式:劝告她说是“小事”,简单命令她不要去挤痘痘。 案例2:试着了解孩子眼中的流行 学生课间总在讨论各种偶像、动漫等内容。班主任想要了解孩子们究竟在忙些什么,只好不停向不同学生打听,让学生很反感。	案例学习(案例分析):PPT+画外音	15分钟
		四、作业:案例讨论分析 想一想:下述案例的辅导中,你觉得哪些方法使用不当? 案例1:资优生变成爱哭鬼 学生由于生理痛经,考试没有考好。老师不问青红皂白把孩子给骂了一顿。 案例2:摸一摸头发就是性骚扰? 男同学对某女孩很有好感,喜欢去摸一摸她的头发。老师认为该男生品德有问题,严肃批评警告,还联系其家长。 案例3:叛逆的女孩 女孩经常和家长、老师对着干,老师多次教育无用,告诉同学们都不要理这个女孩。	完成作业	15分钟

（续表）

环节	学习目标	主要内容	学习方式	时长（共450分钟）
理论学习	通过聆听讲座、阅读材料等方式，了解学生青春期阶段的生理、心理变化，学习咨询、辅导的理论和方法。	一、男生、女生在青春期阶段的生理变化 （一）男生生理变化、女生生理变化 （二）第二性征的产生等 二、青春期阶段学生的心理变化 （一）青春期的孩子的心理需求 1. 合理的物质需求。 2. 朋友的交往需求。 3. 对异性关注的需求。 （二）在这些需求没有被满足的时候，孩子就会产生各种适应不良	问答式微讲座	20分钟
		三、学生个案辅导中，如何建立良好的咨访关系？ 青春期学生很多心理问题的产生是由于变化中的需求得不到满足。因此，如果能让孩子合理地表达诉求，不少行为问题可以迎刃而解。这个过程中建立关系就是非常重要的一环，很多老师就是无法和学生建立良好关系，听不到孩子真正的“心声”。 1. 同感。 2. 尊重。 3. 真诚。 4. 平等。 5. 坚守保密原则。	问答式微讲座	40分钟
		青春期生理、心理变化的相关资料、如何建立良好的咨询关系相关材料。	自学	30分钟
		作业：选择题30题。	完成作业	15分钟
案例分析	通过个案分析，了解青春期变化对学生的心理影响，并掌握如何利用良好关系的建立来辅导学生个案的方法。	一、青春期生理困扰个案辅导 案例：不要叫我“大枣” 分析：男女生在青春期阶段容易遇到的生理困扰，如痘痘。 误区：从行为结果出发去责怪孩子的表现，忽略行为背后的原因。 辅导方法：悲伤情绪的抚慰，自我经历的适当暴露；理解学生的感受，分享身边人祛痘的经验；求助男生信任的男性对象如体育老师，给予经验的分享。	案例学习：PPT + 画外音	30分钟

（续表）

环节	学习目标	主要内容	学习方式	时长（共450分钟）
案例分析		二、青春期学生自我意识问题个案辅导 案例1:谁动了我的发型? 案例2:她为什么总照镜子? 学生课间总在讨论各种偶像、动漫等内容。 分析:了解学生在青春期自我意识增强的状况。 误区:以自己的价值判断去评判孩子的对与不对。 辅导方法:试着理解他们,尊重他们的行为,在多方接纳你的情况下,给出一些调整建议。	案例学习:PPT + 画外音	30分钟
案例分析		三、青春期学生情绪问题个案辅导 案例1:离家出走的乖乖女 案例2:孩子,该拿你的“暴力”怎么办? 分析:青春期阶段的孩子情绪起伏大且不稳定,情绪反应背后的原因究竟是什么? 误区:忽略情绪、行为问题背后的真正原因,简单压制。 辅导方法:安抚孩子,在平静的情况下建立好辅导关系,不简单“批评”,接纳对方,引导孩子表达想法。	案例学习:PPT + 画外音	30分钟
案例分析		四、青春期学生交往问题个案辅导 案例1:我喜欢他,请你走开 案例2:只属于自己的悸动 分析:青春期孩子在同性、异性交往中会遇到各种问题。 误区:将青春期阶段的异性萌动看作早恋,横加指责。 辅导方法:同感、尊重,在对方接纳的时机下,辅导他们树立良好的交友观。	案例学习:PPT + 画外音	30分钟
案例分析		五、青春期学生个性问题个案辅导 案例:假小子的苦恼 分析:了解个性变化背后的原因。 误区:期望孩子同质化,行为一致化。 辅导方法:尊重孩子个性发展的同时,给予一定的帮助和辅导。	案例学习:PPT + 画外音	30分钟

（续表）

环节	学习目标	主要内容	学习方式	时长（共450分钟）
案例分析		六、青春期阶段的自我保护个案辅导 案例1：勇敢面对性骚扰 案例2：对黄色诱惑说“不” 分析：青春期的性意识形成与发展。 误区：将性好奇上升到道德水平。 辅导方法：理解孩子因性好奇而产生的行为，在表示理解的同时给予指导，加强学生自我防范的意识。	案例学习：PPT + 画外音	30分钟
实践反思	运用所学进行实践和反思。	作业：提交一份初中学生辅导个案。 具体要求： 1. 描述个案问题。 2. 原因分析（从生理、心理发展角度，辅导对象的个体情况）。 3. 辅导过程（运用学习到的方法去实践）。 4. 辅导效果。	完成作业	80分钟
		网上互动：观看至少3份其他学员的作业，并发表评论或给出改进建议。	讨论	40分钟

四、课程评价

（一）评价内容与方式

课程学习时间考核，教师全程参加网上课程学习，观看讲座、案例、评析等视频，至少连续完成80%的视频观摩时间。

课程效果反馈，学员在课程结束后，在线填写《“初中阶段青春期个案辅导方法指导——‘建立关系’”网络课程效果反馈调查表》。

（二）课程作业

课程作业采用客观题和主观题两种形式。（1）理论学习环节针对青春期学生生理、心理变化相关内容，有30道选择题（共30题），每题1分，共30分，考查学员是否掌握了理论学习的重点。（2）发现问题、案例分析环节有情景问答题，发现问题环节共3题，每题3分，共9分；案例分析环节共7题，结果的答案供判断、选择,考查学员是否能够用理论分析实际问题,每题 3 分,共 21 分。(3)实践反思作业的目的是考查学员是否能用学习到的理论指导并解决实践问题。要求学员提供基于实践的一份中学生辅导个案,分值为 40 分,根据个案描述、原因分析、辅导过程和辅导效果四部分撰写,每个环节按完成度计各 8 分,完成质量为 8 分。

(三) 课程效果反馈

对学员课程满意度进行调查来反馈课程实施效果。学员在课程结束后,利用研修平台的在线评价功能,填写课程效果反馈表,对课程的主题、内容和效果等进行评价。

《"初中阶段青春期个案辅导方法指导——'建立关系'"网络课程效果反馈调查表》

1. 您认为本次研修课程中的个案是否贴近学校生活,有一定代表性?

A. 是的　　B. 一般,较有代表性

C. 属于个案,没有代表性

2. 通过本次研修课程,您是否对青春期孩子的生理特点有所了解?

A. 非常了解　　B. 基本了解　　C. 不了解

3. 通过本次研修课程,您是否对青春期孩子的心理特点有所了解?

A. 非常了解　　B. 基本了解　　C. 不了解

4. 您认为本次研修课程需要进一步加强的内容是哪一部分?

A. 理论知识　　B. 案例分析　　C. 实践内容

5. 您认为本次研修课程对您的工作开展有帮助吗?

A. 很有帮助　　B. 一般　　C. 没有帮助

6. 您对本次研修课程的设计与安排是否满意?

A. 很满意　　B. 满意　　C. 一般　　D. 不满意

7. 对于本次研修,您有何改进建议?

____

____

上海市第二初级中学　瞿　琳

“创设良好课堂环境，激发学生学习动机”课程纲要

一、课程背景

学习是中小学生成长过程中的重要任务，也是他们学校生活中的重要内容。学习是否有效，与学生愿不愿意学有着密切关系。愿不愿意学属于学习动机问题，学习动机是直接推动学生进行学习活动的内部心理动力。教育心理学家认为，动机不仅能促进学生学习，而且能增进学生的自尊心。一般来说，学习动机愈强烈，学习的积极性愈高，学习的潜力愈能发挥，因而学习的效果也愈好。

但是，许多教师和家长都反映青少年的学习积极性、主动性不高，不爱学习的、应付学习的占有相当大的比例，主要表现为上课容易分心、注意力差，课后不能认真按时完成作业。学习动机不足短期会造成学习成绩下降，长期甚至会出现厌学的现象。

那如何激发学生的学习动机呢？我们在与学生的交谈中，经常会听到学生说“这门课很有意思，我很感兴趣，很爱学”，或者是“这门课枯燥乏味，没意思，学起来没劲”。其实，“很有意思”和“枯燥乏味”都与教师营造的课堂环境有关。人本主义心理学家罗杰斯指出：“创设良好的教学气氛，是保证有效进行教学的主要条件。”因此，激发学生的学习动机，培养学生良好的学习品质，可以从创设良好的课堂环境着手。

因此，本课程从如何营造良好课堂环境着手，指导教师改进自身内外在因素、教学设计、物理环境这三个方面出发，通过案例分析、心理实验、网络互动研讨的方式，帮助教师在课堂上调动学生的学习兴趣，激发学生的学习动机。

二、课程目标

1. 通过现象思考,了解学生群体中存在学习动机不足的现象及原因。

2. 通过对学习动机相关理论知识的学习,教师认识到课堂教学对激发学习动机的重要影响。

3. 通过聆听讲座、分析案例等,教师学会如何通过自身内外在因素、教学设计、物理环境这三方面的提升来激发学生的学习动机。

三、课程内容与安排

环节	学习目标	主要内容	学习方式	时长(共450分钟)
现象思考	通过现象分析及思考,了解学生在学习中出现的动力不足问题,并理解这些问题出现的原因。	一、学生群体中出现的学习动力不足的问题 提供两个现象,引发教师思考。	学习案例	10分钟
		作业:请根据以上两种现象思考学生学习动机不足的原因可能有哪些?至少列出5条。	完成作业	30分钟
		二、课堂无法激发学习动机的外部原因 (一)教师因素:包括教师内在和外在因素 (二)课堂设计:包括课前准备、教学环节设计、良好师生互动等 (三)物理环境:包括座位、光线、教室卫生等	微报告	10分钟
理论学习	1. 通过聆听微报告、阅读材料等途径,了解课堂环境的含义及其对学生学习动机产生的重要影响。 2. 通过聆听微报告、阅读材料等途径,掌握营造良好课堂环境的途径和方法。	一、课堂环境的含义及对学习动机的促进作用 (一)课堂环境 课堂环境包含两方面,一是指的是课堂心理环境,指班集体中的气氛;二是“学习环境”,包括学习的物理环境和教育、训练中使用的设备、工具和材料。课堂心理环境尤为重要。 (二)良好课堂环境对学生学习动机的促进作用 呈现若干篇文献研究结果,例如王运、麦吉德特、瑞安和帕特里克等。	微报告	10分钟

（续表）

环节	学习目标	主要内容	学习方式	时长(共450分钟)
理论学习	1. 通过聆听微报告、阅读材料等途径,了解课堂环境的含义及其对学生学习动机产生的重要影响。 2. 通过聆听微报告、阅读材料等途径,掌握营造良好课堂环境的途径和方法。	二、营造良好课堂环境 （一）教师因素 调查发现,学生眼里最喜欢的老师是可爱的、时尚的、博学的、幽默的、可亲的、公平的…… 诺贝尔物理学奖获得者小柴昌俊认为,学生因为喜欢某科老师才喜欢这门课。 教师可以通过以下两方面提升自己: 外在:穿着打扮等,内在:博学、幽默、善于管理情绪、贴近学生生活等。	微报告	15 分钟
		（二）教学设计 1. 课前:切实领会教材,将情感融入其中。 2. 课中:善于活跃课堂气氛、善于提问与倾听;面向全体,关注每一个学生,关注学生的个体差异;充分调动学生在课堂中学习的主动性、参与性。 3. 教学方法:积极采用启发式、发现式等教学形式,利用灵活的教学方式创设问题情境,重在激发学生的好奇心和学习热情,加强教学内容的新颖性,吸引学生的注意力,从而让学生都全身心、乐此不疲地投入学习中去。 4. 课后:及时反馈。	微报告	20 分钟
		（三）物理环境 1. 座位排布:秧田形、马蹄形、圆形等,重点介绍西南位育中学一位班主任的雷达图座位表。 2. 创设上课的仪式:清理书桌,保持安静,坐姿端正。 3. PPT 制作。	微报告	15 分钟
		三、课堂环境相关的资料 •《创设积极课堂心理气氛的途径研究》 •《创设良好教学氛围激发学生学习兴趣》 •《新课程改革背景下教室座位排列方式的探析》	自学	40 分钟
		作业:选择题 5 题,判断题 5 题。	完成作业	15 分钟

（续表）

环节	学习目标	主要内容	学习方式	时长（共450分钟）
案例分析	通过观摩实例，教师学会通过教师自身因素、教学设计及物理环境的提升这三个方面来激发学生的学习动机。	案例1：为何我的课不受欢迎？ 问题：通过历史老师和科学老师的课堂对比，分析自身上课可以进一步提高的方面。通过这两堂课，请思考如何才能激发学生的学习动机？	学习课例	45分钟
		案例2：教师活动与学生活动的不同——以“地球运动的地理意义”为例 问题：在上面提到的案例中，哪种教学设计的效果比较好？请试着分析一下原因。根据自己所教科目的具体内容，说说如何具体应用以学生活动为主的教学设计？	学习课例	45分钟
		案例3：“雷达座位图的妙用” 问题：雷达座位图对您在创设良好班级环境方面，有什么启发和值得借鉴的地方？	观摩研讨	45分钟
		作业：思考雷达座位图在哪些方面可以进一步改进？	完成作业	30分钟
实践反思	运用所学进行实践。	作业： • 提交一份案例，针对本班级的实际情况，根据本课程所学内容写一份如何激发本班学生学习动机的案例。 • 思考：在互联网时代，教师如何提升自身的综合素养，转变育人理念，让学生真正好学、乐学？并挑选2—3份案例进行网上交流。	完成作业	90分钟
		网上互动：观看至少3份其他学员的作业，并围绕如何激发学生的学习动机的要求发表评论。	讨论	30分钟

四、课程评价

（一）评价内容与方式

课程学习时间考核，教师全程参加网上课程学习，观看讲座、案例、评析等视频，至少连续完成80%的视频观摩时间。

课程作业考核,包括单选题、判断题和案例分析题。

课程效果反馈,学员在课程结束后,在线填写《"创设良好课堂环境,激发学生学习动机"网络课程效果反馈调查表》。

（二）课程作业

作业采用客观题和主观题两种形式。(1)现象思考环节有 1 道问答题,分值 10 分,考查学员是否针对该现象进行了思考。(2)理论学习环节有 5 道选择题和 5 道判断题(共 10 题),每题 3 分,共 30 分,考查学员是否掌握了理论学习的重点。(3)案例分析环节有 1 道问答题,分值 20 分,考查学员是否能够用理论分析实际问题。(4)实践反思作业的目的是考查学员是否能用学习到的理论指导并解决实践问题。要求学员写一份如何激发本班学生学习动机的案例和互动交流各一份,各 20 分,分值为 40 分。总分达到 60 分,方为"合格"。

（三）课程效果反馈

对学员课程满意度进行调查来反馈课程实施效果。学员在课程结束后,利用研修平台的在线评价功能,填写课程效果反馈表,对课程的主题、内容和效果等进行评价。

《"创设良好课堂环境,激发学生学习动机"网络课程效果反馈调查表》

1. 您认为本次研修中的案例是否贴近学生实际,有一定代表性?

A. 是的　　B. 一般,较有代表性

C. 属于个案,没有代表性

2. 通过培训,您是否了解了导致学生学习动力不足的原因?

A. 非常了解　　B. 基本了解　　C. 不了解

3. 通过培训,您是否对如何激发学生学习动机有启发?

A. 非常有启发　　B. 有启发　　C. 启发不大

4. 您认为需要进一步加强的课程内容是哪一部分?

A. 理论知识　　B. 案例分析　　C. 实践内容

5. 您认为本次研修课程对您今后的教育教学有帮助吗?

A. 很有帮助　　B. 一般　　C. 没有帮助

6. 您对本次研修课程的设计与安排是否满意?

A. 很满意　　B. 满意　　C. 一般　　D. 不满意

7. 对于本次研修,您有何改进建议?

____

____

上海市南洋初级中学　赵　倩

上海市宛平中学　王　磊

上海市龙苑中学　焦弟弟

“大班幼儿归属感的培养”课程纲要

一、课程背景

《3—6岁儿童学习与发展指南》中“社会”领域之“社会适应”目标3即为“具有初步的归属感”。幼儿的归属感是感觉到自己是家庭或幼儿园中的重要一员、被他人接受、被他人认为有价值以及与他人成为一个整体的一种情感；是对自己所处的群体在思想、感情和心理的认同和投入。幼儿的归属感主要包括家庭归属感、幼儿园集体归属感、社会归属感、民族归属感和国家归属感等。幼儿期是人的社会性发展的重要时期，也是归属感培育的最佳时期，培育归属感在幼儿社会领域教育中有着举足轻重的地位。

在落实《指南》“具有初步的归属感”的教育要求中，教师普遍存在对“归属感”这个概念比较陌生、不清楚幼儿归属感的培养及评价、缺乏培育的实施策略和方法的问题。本课程就培养大班幼儿归属感，依据儿童的社会性发展需要和社会性发展水平来设计和实施活动，提高教师在教育实践中将理论转化为实践的能力，尝试运用多种方式和途径，将社会、情感领域的活动与其他领域的活动相结合，设计各类集体、个别化活动等方面开展教学，提升教师培育大班幼儿的归属感的能力。

二、课程目标

1. 通过聆听讲座、观摩教学实例，熟悉《指南》中大班幼儿归属感的目标。

2. 通过案例反思、自主实践等方式，帮助教师形成培养幼儿归属感的相关教育要求、内容、方法和评价等基本能力。

3. 通过现场实践设计大班幼儿归属感培养的活动方案，在此基础上提升自己的社会领域教育活动设计和实践的能力。

三、课程内容与安排

环节	学习目标	主要内容	学习方式	时长(共450分钟)
现象思考	通过学习案例,帮助研修者了解大班幼儿归属感培养的基本要求、解决相关的问题和困惑,培养对参加本课程研修活动的兴趣和愿望。	大班幼儿归属感培养的集体活动中出现的问题: • 大班幼儿归属感培养的定位是什么? • 开展大班幼儿归属感培养可以有哪些形式? • 怎样的目标定位以及活动形式才能体现大班幼儿的年龄特点?	学习案例 学习课例 学习课例	5 分钟 10 分钟 10 分钟
		作业:选择题 5 题。	完成作业	10 分钟
理论学习	通过聆听讲座、观摩教学实例,解读《指南》中大班幼儿归属感的目标。	一、培养大班幼儿归属感的重要性 二、解读《指南》中“具有初步的归属感”这一目标 (一) 什么是“归属感” 1. “归属感”的广义概念。 2. 幼儿阶段“归属感”的概念。 3. 大班幼儿“归属感”培养的具体目标解读。 (二) 对大班幼儿进行归属感培养的形式和活动 1. 对应大班幼儿“归属感”目标,分析“二期课改”的各个大班主题活动中归属感内容。结合“有用的植物”“大中国”“我们的城市”“我自己”“寒假计划书”等大班的主题活动开展幼儿归属感培养的内容。 2. 对应大班幼儿“归属感”目标,分析生活、运动、游戏等环节中归属感的培养。 (1) 幼儿在游戏、运动、生活活动中对于材料、器械的爱护,体现对班级的归属感。 (2) 运动、游戏、生活中引导幼儿自主讨论和协商,体现大班幼儿的主人翁意识,促进归属感的形成。 (3) 游戏中开设“航空公司”“火箭发射中心”等内容,体现幼儿对班级、对幼儿园、对上海、对中国的热爱,从而培养孩子们的归属感。	微报告 微报告	15 分钟 15 分钟

（续表）

环节	学习目标	主要内容	学习方式	时长(共450分钟)
理论学习		3. 分析可开展大班幼儿归属感培养的各种形式。 (1) 明晰主题核心经验,挖掘归属感培养内容。 (2) 巧妙结合节日主题,激发幼儿归属感形成。 (3) 捕捉幼儿共性热点,及时跟进归属感培养		
		张明红:《3—6岁儿童归属感及其发展》。 张明红:《学前儿童归属感培养的教育建议》。		90分钟
		作业:选择题5题。	完成作业	10分钟
案例分析	通过案例反思、自主实践等方式,能根据《指南》中的目标独立分析各类归属感案例的优势及不足,进一步明确相关教育要求。	一、结合归属感培养的内容展开讨论 深入探讨大班各个主题的核心经验,从中挖掘可融合幼儿归属感培养的线索,挖掘大班幼儿归属感培养的内容。	学习课例	45分钟
		二、案例:从"红帽檐"看大班幼儿归属感培养 结合大班幼儿归属感培养目标分析"红帽檐"系列活动中幼儿归属感培养的核心内容。"红帽檐"系列活动是否体现了大班幼儿归属感的培养?具体设计哪些大班幼儿归属感的核心经验?	学习课例	45分钟
		三、从"我是中国人"的课程环境创设看幼儿归属感培养 结合主题活动看环境创设以及个别化学习活动幼儿归属感培养的核心内容。 在"我是中国人"的主题环境创设以及个别化学习材料中是否体现了大班幼儿归属感培养?	视频案例	45分钟
		四、就课堂中遇到的幼儿归属感培养的具体案例进行介绍 学员上传开展大班幼儿归属感培养的案例进行交流,学员之间互相学习及互评。	互动研讨	45分钟

（续表）

环节	学习目标	主要内容	学习方式	时长（共450分钟）
案例分析		作业：老师在开展大班幼儿与归属感培养的过程中会出现哪些问题呢？产生这些问题的原因又是什么？	完成作业	45分钟
实践反思	通过现场实践设计大班幼儿归属感培养的活动方案，在此基础上提升自己的社会领域教育活动设计和实践的能力。	完成以下作业中的一个内容进行回答。 提交一份大班幼儿归属感培养的教学设计。教学设计要包括活动名称、设计思路、活动目标、活动准备、活动过程、活动反思等。 提交一份大班某一主题活动背景下培养大班幼儿归属感的环境创设及个别化学习活动方案。 基于教学实践对教学设计进行修改并说明改进的理由。	完成作业	60分钟

四、课程评价

（一）评价内容与方式

课程学习时间考核，教师全程参加网上课程学习，观看讲座、课例、评析等录像，至少连续完成80%的视频观摩时间。

课程作业考核，每个环节客观题正确率达到60%及以上可继续下一环节的学习，否则须重新进行该环节的学习；主观题如“实地观摩‘红帽檐’活动后开展研讨”可采用评议、讨论等手段评阅，主讲教师对优秀作业进行置顶展示与加分；实践反思中的活动方案及修改需结合大班幼儿园归属感培养目标进行设计。

课程效果反馈，学员在课程结束后，在线填写《“大班幼儿归属感的培养”网络课程效果反馈调查表》。

（二）课程作业

课程采用“通关”的评价形式，考察学员在课程各个环节中学习目标的达成度，即学员须完成每一个环节的评价任务并达到一定正确率，方能进入下一阶段的学习，全部“通关”后，达成课程目标。

作业采用客观题和主观题两种形式，客观题主要分布在现象思考、理论学习和案例分析三个环节，各个环节客观题的分值和目的不相同。现象思考环节有5

道选择题,每题2分,共10分;呈现若干现象分析结果的答案供选择,考查学员是否针对该现象进行了思考。理论学习环节有5道选择题,每题2分,共10分,考查学员是否掌握了理论学习的重点。案例分析环节有讨论、互评等内容,参与“结合归属感培养的内容展开讨论”10分,回答“案例:从‘红帽檐’看大班幼儿归属感培养及上传案例”10分,回答“从‘我是中国人’的课程环境创设看幼儿归属感培养”提问10分,上传开展大班幼儿归属感培养的案例10分,完成案例分析环节讨论题10分,共50分;通过选择题、思考题、讨论题,考查学员是否能够用理论分析实际问题。三个环节中所有客观题相加后的总分值是70分。

主观题主要集中在实践反思环节,三题选择一题进行回答,提交教学设计方案或专题讲稿或实践作品等,考查学员是否能用学习到的理论指导并解决实践问题,30分。

(三) 课程效果反馈

对学员课程满意度进行调查来反馈课程实施效果。学员在课程结束后,利用研修平台的在线评价功能,填写课程效果反馈表,对课程的主题、内容和效果等进行评价。

《“大班幼儿归属感的培养”网络课程效果反馈调查表》

1. 您是否清楚此次研修课程的目标?

A. 非常清楚　B. 比较清楚　C. 不太清楚　D. 完全不清楚

2. 通过培训,您是否对大班幼儿归属感培养的目标有了一定的了解?

A. 非常了解　B. 基本了解　C. 一般　D. 不了解

3. 您比较喜欢本次课程的哪些形式?(多选)

A. 互动研讨　B. 讲座视频　C. 案例解读　D. 作业问卷

4. 此次课程培训对您的工作是否有帮助?

A. 很有帮助　B. 有点帮助　C. 一般　D. 完全没帮助

5. 您对本次研修课程的设计与安排是否满意?

A. 非常满意　B. 比较满意　C. 一般　D. 不满意

6. 对本次研修,您有何改进建议?

____

____

徐汇区乌鲁木齐南路幼儿园　李　晨

少 先 队

“六年级新中队快乐目标制定的实施”课程纲要

一、课程背景

六年级新班级成立之初，来自不同学校的学生，有着各不相同的学习习惯和生活习惯。中队辅导员该如何抓住契机，带领队员们一起建设好中队，让每个队员在健康向上、积极向善的环境下学习生活成长？这就需要制定中队目标来导引。

目前，在六年级新中队成立时，中队辅导员在管理上随意性较大，在认知和实践方面对如何建设新中队差异很大，缺乏正确制定新中队的目标意识。有的辅导员认为只要中队没有事情发生，太太平平就可以了，不必大费周章；有的辅导员认为只要队员能取得好成绩，就是一个优秀的中队；有的辅导员认为，目标因人而异，无法统一，所以制定中队目标不切实际，总有人做不到，做不好，甚至还有的队员会背道而驰，认为还不如没有目标，这样也不给自己添麻烦。

少先队目标可以让大家拥有共同的追求，能凝聚中队集体的力量。通过设立中队的目标，可以激励队员围绕中队目标确立自己明确的奋斗目标，唤醒他们心中的自豪感、自尊感和自信感，唤起队员为实现目标而不断奋斗的欲望。通过设立新中队的快乐目标，还可促使队员将对集体的感情上升为对集体的责任，有助于队员集体责任感的形成。中队快乐目标的制定需要全体队员的积极参与，才可能使之成为每个队员的行动指南，才会在中队建设中发挥激励和导向的作用，从而转变为全体队员的集体意志、动机、愿望。

综上所述，本课程注重探索有效的六年级新中队的目标制定的途径和方法，形成新中队快乐目标制定的基本流程和操作原则，为每一个新中队开展工作提供支撑。

二、课程目标

1. 通过现象思考，追溯新中队成立初期时所出现问题的原因，确立正确的目标意识。

2. 通过聆听讲座、观摩中队实例，了解六年级中队快乐目标的定义和作用，掌握快乐中队目标的内容、要求及操作原则和步骤。

3. 根据制定中队快乐目标的具体要求，完成《中学少先队活动课——快乐目标的制定》的设计。

4. 在新中队的快乐目标制定的实践中，理解合理运用快乐目标在中队建设中的重要性和必要性，明确快乐目标制定与中队建设的关系。

三、课程内容与安排

环节	学习目标	主要内容	学习方式	时长（共335分钟）
现象思考	1. 通过案例分享，剖析中队成立初期时所出现问题的原因。 2. 通过学员自身建立中队的分析，发现班级问题并追溯原因。	一、中队建立初期问题 中队的整体日常生活毫无秩序，课堂教学秩序混乱。刚入学时，大家互相都十分陌生，只有小学时认识的朋友才有共同话题，对于互不相识的同学，唯一的共同话题就是自己的小学是哪里的。所以，这样的中队还只能算是一个个体拼合起来的，还不算是一个真正的中队。 学生间由不了解或是习惯不同所产生的各种矛盾。 二、问题背后的原因 在中队建立初期，中队是一个团体，而中队中的队员是一个个体，大家没有集体的目标、共同前进的方向，导致每个队员缺少行动的指南，也没有准确的集体舆论，更不要说遵守中队的各种规章制度，以队员的标准要求自己，为集体承担自己的责任和义务。所以才会出现上述问题。	学习案例	15分钟
		作业：思考你所带的中队在成立初期，还有哪些其他的问题并分析原因。	完成作业	30分钟

（续表）

环节	学习目标	主要内容	学习方式	时长(共335分钟)
理论学习	1. 了解快乐目标的定义和作用。 2. 了解快乐目标的主要内容。 3. 了解制定快乐目标的操作原则。 4. 通过完成作业来检测并巩固学习成果。	一、学习制定中队快乐目标的定义和作用 目标是一种期望,是人的各项活动所追求的预期结果在主观上的超前反映。团体目标是团体存在和发展的方向,体现团体的宗旨,它是团体成员共同的,也是团体成员需要为之奋斗的。一个合理的目标能驱动团体成员积极追求,设立中队的探索目标,激励队员确立明确的奋斗目标,唤起队员为实现目标而不断奋斗的欲望,唤醒他们心中的自豪感、自尊感和自信感。 二、学习中队快乐目标的内容 中队快乐目标包括了中队队名、中队队标、中队公约、中队队歌,还可以有中队口号等。 三、学习制定中队快乐目标的操作原则 （一） 主体性和自下而上的原则 它应该是由全体队员民主讨论、共同策划,达成一致的目标。这样才能细化,最终落实到每位成员的具体行动中。 （二） 中队辅导员的角色定:点拨 点拨,少先队活动课中辅导员的点是艺术地画龙点睛,拨是智慧地拨云睹日。辅导员的点拨应体现在对少先队活动的参谋和指导上。 “点拨”是站到迷茫的队员前面,给予引导,不断启发。 “点拨”是站到岔路口的队员旁边,细心帮助、耐心参谋。 “点拨”是站到有所收获的队员后面,鼓励肯定、大力支撑。 作为辅导员,给予队员适时、适当的“点拨”,是对队员们放手的尊重、牵手的呵护、拍手的共赢。	微讲座	30 分钟
		自学材料 ： 写给少先队辅导员的 41 条建议、少先队工作必读、少先队辅导员工作实操。	自学相关章节	120 分钟

（续表）

环节	学习目标	主要内容	学习方式	时长(共335分钟)
理论学习		作业:完成多项选择题7题。	完成作业	10分钟
案例分析	1. 通过观摩案例,明确快乐目标的价值。 2. 通过案例研讨,厘清制定快乐目标的操作原则。 3. 通过完成作业,检测巩固学习成果。	一、取中队名 中队辅导员与队员们一起提议并确定队名:海燕中队。 二、画中队队标 每位同学根据自己的中队队名,再发挥自己的想象力和个人的绘画能力,创作自己心目中的队标。再利用中队队会的时间一起交流自己的作品,大家一起来选择或是继续优化队标。 三、写中队口号 自律3班,团结向上,勇敢海燕,自由飞翔。 四、选中队的队歌 《候鸟》。 五、定中队目标 每个队员要做一个自律、正直、勇敢、包容并善良的中学生。 六、提炼中队公约:“五有五无” 轻声慢步有微笑,课间休息无打闹。 饭后阅读有品位,午餐粮食无浪费。 同学交往有分寸,课余时间无闲散。 书包桌肚有整理,班级卫生无死角。 听课作业有效率,自我成长无懈怠。	视频 微视频	25分钟
		作业:结合理论学习和案例分析,撰写学习感受,反思自己所带的中队制定目标的过程,并作出相应的调整。	完成作业	45分钟
实施反思	进一步明确快乐目标在中队建设中的重要性和必要性,理顺快乐目标制定与中队建设的关系。	二选一: • 在上述学习反思基础上,完成《中学少先队活动课——快乐目标的制定》的设计。 • 点评至少一份其他学员的作业。	完成作业	60分钟

四、课程评价

（一）评价内容与方式

课程学习时间考核，教师全程参加网上课程学习，观看案例视频，至少连续完成80%的视频观摩时间、完成相应的理论学习，完成与理论相关的测试题，结合理论学习反思自己的实际工作并完成个人带班案例的撰写，培训总结字数不少于200字，并提交论坛。

课程作业考核，采用客观题和主观题的形式。有选择题5道，有反思、有评价或是案例的撰写，还有培训小结，及时完成并达到一定的字数要求。

课程效果反馈，学员在课程结束后，在线填写《“六年级新中队快乐目标制定的实施”网络课程效果反馈调查表》。

（二）课程作业

课程考察学员在课程各个环节中学习目标的达成度，即学员须完成每一个环节的评价任务并达到60%的正确率。作业采用主观题和客观题两种形式，总分为100分。（1）现象反思的环节中，在论坛上反思自己中队建立之初存在的问题，并在论坛上交流，总分20分。（2）理论学习环节中选择题5道，每题4分，总分20分。（3）案例分析中要求撰写学习感受，反思自己所带的中队制定目标的过程，并在论坛上交流自己的反思，完成后获得20分。（4）实践反思作业的目的是考查学员是否能用学习到的理论指导并解决实践问题。因此，实践反思环节中的作业为二选一，独立完成《中学少先队活动课——快乐目标的制定》的设计或者点评1份其他学员的作业，提出亮点与不足，完成后获得30分。（5）培训后，受训老师需要提交一份培训感悟，不少于200字，提交论坛后获10分。

（三）课程效果反馈

对学员课程满意度进行调查来反馈课程实施效果。学员在课程结束后，利用研修平台的在线评价功能，填写课程效果反馈表，对课程的主题、内容和效果等进行评价。

《“六年级新中队快乐目标制定的实施”网络课程效果反馈调查表》

1. 您是否清楚此次研修课程的目标？

A. 非常清楚　　B. 比较清楚　　C. 不太清楚　　D. 完全不清楚

2. 您认为培训中提供的案例是否贴近您带班初期的情况？

A. 非常贴近　　B. 比较贴近　　C. 不贴近，属于个案

3. 通过本次培训，您对少先队辅导员的角色了解清楚了吗？

A. 非常清楚　　B. 比较清楚　　C. 不太清楚　　D. 完全不清楚

4. 通过本次培训，您对六年级新中队建立目标的流程清楚了吗？

A. 非常清楚　　B. 比较清楚　　C. 不太清楚　　D. 完全不清楚

5. 您对本次研修课程的设计与安排是否满意？

A. 非常满意　　B. 比较满意　　C. 不满意　　D. 说不清楚

6. 请您在相应的等级上画圈“○”（提示：按五级评价，5 代表最好，1 代表最差）。

活动	主题的针对性	内容的适切性	效果的满意度
1. 现象思考	5—4—3—2—1	5—4—3—2—1	5—4—3—2—1
2. 理论学习	5—4—3—2—1	5—4—3—2—1	5—4—3—2—1
3. 案例分析	5—4—3—2—1	5—4—3—2—1	5—4—3—2—1
4. 实践反思	5—4—3—2—1	5—4—3—2—1	5—4—3—2—1

7. 请对本次研修提出您的宝贵建议，谢谢！

____

____

上海市徐汇区教育学院附属实验中学　王冬英

“初中少先队入团积极分子选拔”课程纲要

一、课程背景

《上海少先队2016年工作要点》明确指出，要加强初中共青团工作坚持“队为主体，团为核心”的方向，将团前教育作为少先队工作的重要内容，普遍纳入少先队活动课程建设。抓好少先队员推优入团工作，把好初中共青团入口关，从“严格标准、规范程序、保证质量、控制数量”着手，落实“入团十步曲”，初中团组织要加强团员教育管理，进一步丰富团的活动、活跃团的工作，进一步体现初中共青团组织的先进性。

目前辅导员组织开展少先队员的入团工作时，仍存在着不少误区，操作流程不规范；操作流程任意化、简单化，入团由班主任说了算的情况屡见不鲜。有的将“入团十步曲”的“确定入团积极分子”环节，简单定义为“推选成绩好的队员成为积极分子”；有的“入团积极分子”标准不明晰；有的“确定入团积极分子”的操作流程不规范，缺乏“班级队员民主推荐，团支部集体讨论确定”的操作过程等。这些不规范的做法，挫伤了少先队员入团的积极性，严重影响了团的工作的开展。

本课程从“入团十步曲”中的“确定入团积极分子”入手，通过讲座、案例分析、网络互动研讨、自学等形式，针对每个环节对大队辅导员开展培训，提高他们的实践操作能力，并能顺利指导中队辅导员开展相关工作。

本课程主要通过现象分析、理论学习、实践观摩、任务驱动，反思实践等，引导和培养少先队大队辅导员树立正确的教育理念，了解初中阶段团员发展的相关理论与步骤，掌握初中团员发展过程中入团积极分子的选拔的方法和要求，同时注重大队辅导员的创新精神和实践能力的培养，要求其通过学习、实践、反思，规范初中入团积极分子选拔和培养工作，从而切实提高初中大队辅导员（团总支书记）发展初中团员、做好团队衔接的专业水平，提升工作实效。

二、课程目标

1. 通过提供的材料，综合了解目前初中阶段发展团员过程中出现的问题及产生的原因，学会对出现的问题和现象进行反思并找到解决方法。

2. 通过聆听讲座、观看视频、学习资料，知晓初中学生团员发展的相关理论及规定，了解控制团员发展数量的原因和意义，掌握团员发展的基本步骤及方法，明确入团积极分子选拔的方法和要求，规范初中入团积极分子选拔和培养工作。

3. 通过对选拔入团积极分子的分析、讨论、设计和实践，知道入团积极分子的选拔在初中团员发展过程中的重要性和必要性，以及它对帮助初中少先队员进一步建立“民主意识”所带来的帮助，树立认真实践的意识。

三、课程内容与实施

环节	学习目标	主要内容	学习方式	时长（共450分钟）
现象思考	通过提供的案例，综合了解目前中学阶段少先队入团积极分子选拔中出现的问题，激发中队辅导员的学习动机；结合现象进行思考，学会对出现的问题和现象进行反思的方法。	案例1： 一位少先队员怒气冲冲地来到大队部，表示班级的入团积极分子推荐不公平，他不明白为何公布的入团积极分子名单中没有他，他觉得自己无论从学习成绩还是中队工作方面和另外几位当选的同学没有什么差异。 案例2： 一位中队辅导员询问，他们中队中有一个各方面表现都十分优秀的队员，是不是能够让他成为团员，作为班级中的榜样力量。当团队老师表示这是不可以的时候，她提出质疑，为什么优秀的学生不能直接就是团员？	现象讨论	30分钟
		作业： 1. 交流一下你在推荐入团积极分子工作中的问题。 2. 给别人提供一个问题解决的方法。	完成作业	40分钟

（续表）

环节	学习目标	主要内容	学习方式	时长(共450分钟)
理论学习	通过聆听讲座、观看视频、学习资料,了解控制团员发展数量的原因和意义,初中学生团员发展的相关理论及规定,掌握团员发展的基本步骤及方法,明确入团积极分子选拔的方法和要求,规范初中入团积极分子选拔和培养工作。	一、团员发展的相关理论和步骤 （一）团员发展步骤 观看“入团十步曲”视频。 （二）团员的入团条件 1. 年龄界限（参考《团的基础知识教育读本》及《中国共产主义青年团发展团员工作细则》第二章　第六条）。 2. 承认团章。 3. 愿意参加团的一个组织并在其中积极工作执行团的决议。 4. 按期缴纳团费。 （三）团员的义务（参考《团的基础知识教育读本》） （四）初中阶段团员发展控制比例（参考《中学共青团改革实施方案》第二条 加强先进性建设）	微讲座	40分钟
		二、入团积极分子的选拔过程和要求 （一）激发少先队员入团热情 回顾少先队活动课《走进共青团》,总结少先队员递交入团申请书的情况。 （二）开展入团积极分子选拔工作 1. 学习校入团积极分子的选拔标准。 （1）已主动递交入团申请书。 （2）拥有进步的思想。 （3）能积极主动学习。 （4）能自觉遵守校内外各项法律法规和纪律。 （5）能虚心向同伴学习及帮助同伴。 （6）能发现自身的不足并及时改正。 （参考《团章》中团员的义务） 2. 宣布各中队入团积极分子推荐名额。 3. 出示入团积极分子被推荐人名单。 4. 举行中队民主推荐入团积极分子会议。 5. 公开唱票。 （三）确定推荐名单,上报校团总支（或团委）备案（参考《中国共产主义青年团发展团员工作细则》）	微讲座	40分钟

（续表）

环节	学习目标	主要内容	学习方式	时长（共450分钟）
理论学习		《团章》第一章“团员”、第九章“团同少年先锋队的关系”； 人民日报刊文《控制团员数量的根本是为了提升质量和先进性》； 《中学共青团干部教程》第六章　组织建设（一）：队伍建设 一、团员队伍。	自学	60分钟
		作业： • 排序题1题，选择题10题。 • 网络讨论题：入团积极分子的推荐过程是什么？	完成作业	45分钟
案例分析	通过少先队活动课以及案例观摩，发现目前入团积极分子推荐中的问题。	少先队活动课片段： 中队辅导员将符合标准的入团积极分子名单告知全体队员，由队员选举产生本中队的入团积极分子。片段着力展示标准的入团积极分子选拔过程中的一个环节。 案例： 学校的大队辅导员曾收到这样一封队员来信，该队员说自己在“推优入团”时落选了，觉得很委屈。因为她觉得选上的队员除了成绩比自己好，其他方面都不如自己。比如有位选上的队员除了埋头学习，平时中队的任何活动都不参加，也不在中队中担任任何职务为队员服务。但就因为辅导员和队员都觉得“团员”就应该是成绩好的队员，于是自己就被淘汰了。她觉得非常不公平，因此寻求辅导员的帮助。 作业： • 中队辅导员应该如何宣传入团工作？（10分） • 学习成绩优秀是否必须列为入团积极分子的推荐标准？如何制定科学的入团积极分子标准？（10分）	现象讨论分析	45分钟

（续表）

环节	学习目标	主要内容	学习方式	时长(共450分钟)
实践反思	根据推荐入团积极分子的选拔过程和要求,完成《有关“如何推荐入团积极分子”的中队辅导员培训方案》的设计。	作业:(20分) • 根据本课程的学习,设计一个有关“如何推荐入团积极分子”的中队辅导员培训方案。(大队辅导员) • 结合中队实际,提交一个中队在选拔入团积极分子过程中的案例。(中队辅导员)	完成作业	90分钟
		网上互动:(10分) 观看至少3份其他学员的作业,并结合本课程的内容发表评论。	讨论	60分钟

四、课程评价

(一) 评价内容与方式

课程学习时间考核,教师全程参加网上课程学习,观看讲座、课例、“入团十步曲”视频等录像,至少连续完成80%的视频观摩时间。

课程作业考核,客观题(排序题、选择题)正确率达到60%及以上可继续下一环节的学习,否则须重新进行该环节的学习;主观题(思考题、撰写案例)采用主讲教师评分考核,网络互动题采用互评、讨论的评价方式。

课程效果反馈,学员在课程结束后,在线填写《“初中少先队入团积极分子选拔”网络课程效果反馈调查表》。

(二) 课程作业

现象思考作业:交流一下你在推荐入团积极分子工作中的问题。(10分)根据两个案例提到的入团积极分子选拔中遇到的问题,选择任意一个,提供一个问题解决的方法。(10分)

理论学习作业:排序题(10分),选择题(10分),网络讨论题(10分)。

案例分析作业:思考(1)中队辅导员应该如何宣传入团工作?(10分)(2)学习成绩优秀是否必须列为入团积极分子的推荐标准?如何制定科学的入团积极分子标准?(10分)

实践反思作业：根据自己的职务选择下列两题中的一题完成作业。(20分)(1)根据本课程的学习，设计一个有关"如何推荐入团积极分子"的中队辅导员培训方案。(大队辅导员)(2)结合中队实际，提交一个中队在选拔入团积极分子过程中的案例。(中队辅导员)

网上互动(10分)，观看至少3份其他学员的作业，并结合本课程的内容发表评论。

(三) 课程效果反馈

对学员课程满意度进行调查来反馈课程实施效果。学员在课程结束后，利用研修平台的在线评价功能，利用课程效果反馈表，对课程的主题、内容和效果等进行评价。

《"初中少先队入团积极分子选拔"网络课程效果反馈调查表》

1. 您是否清楚此次研究课程的目标？

A. 非常清楚　B. 比较清楚　C. 不太清楚　D. 完全不清楚

2. 请您根据本次学习的实际感受，填写相应的得分(1—5分，5分最高，1分最低)。

内容	得分				
现象思考	1	2	3	4	5
理论学习	1	2	3	4	5
案例分析	1	2	3	4	5
实践反思	1	2	3	4	5

3. 您比较喜欢本次课程的哪些形式？(多选)

A. 互动研讨　B. 讲座视频　C. 案例分析　D. 作业形式

4. 此次课程培训对您的工作是否有帮助？(单选)

A. 很有帮助　B. 有点帮助　C. 完全没帮助　D. 说不清楚

5. 您对本次研修课程的设计与安排是否满意？(单选)

A. 非常满意　B. 比较满意　C. 不满意　D. 说不清楚

6. 对本次研修，您有何改进建议？

____

____

上海市第四中学　叶玮琳

上海市汾阳中学　周璐奕

上海市徐汇中学　郑静洁

“雏鹰假日小队的实施”课程纲要

一、课程背景

1996 年 12 月，上海市少工委在上海市教委的大力支持下，与团市委、市总工会等 13 家单位联合下发了“关于支持少先队开展雏鹰假日小队活动”的文件。雏鹰假日小队成为队员喜欢、家长欢迎的组织形式，也是少先队校外活动的最主要形式。但我们也逐渐发现，目前在开展雏鹰假日小队活动时，中队辅导员不能很好地组织并开展，存在着“不知道如何组建雏鹰假日小队”“ 不知道怎样的小队活动适合队员”等问题。由此，导致了开展的活动内容单一，活动场所匮乏，活动过程松散，活动由队长一人独揽包办等现象。

本课程旨在让我们的中队辅导员进一步明确实施雏鹰假日小队的价值，形成并健全组织开展假日小队活动的方法，丰富雏鹰假日小队的活动内容、规范雏鹰假日小队的操作原则和步骤，激发少先队员积极参与雏鹰假日小队活动的兴趣，丰富雏鹰假日小队活动中思想教育的内涵，锻炼队员合作、交往、竞争能力，培养团结合作、自信乐观、互帮互助的良好品质。

二、课程目标

本课程主要通过活动案例分析、理论学习、实践观摩、任务驱动、反思实践等，重点掌握雏鹰假日小队活动开展中的技能，切实提高雏鹰假日小队活动的实效性。

1. 通过理论学习，观看活动资料，了解并掌握雏鹰假日小队活动的内涵和意义、雏鹰假日小队活动之八步法的内容，为组织开展雏鹰假日小队活动奠定理论和思想基础。

2. 通过情境描述、现象分析，排除影响雏鹰假日小队活动开展的不利因素，看到雏鹰假日小队活动不可替代的优势，坚定和激发组织开展雏鹰假日小队活动的信心。

3. 通过学习观摩优秀雏鹰假日小队活动案例，进一步掌握有效开展雏鹰假日小队活动的方法，要把有意义的事做得更有意思。

4. 完成实践作业，根据所在中队的情况设计实施方案，并在组内开展讨论、修改和完善。通过网上学习，在互相交流中学会反思，提升组织开展雏鹰假日小队活动的能力。

三、课程内容与安排

环节	学习目标	主要内容	学习方式	时长(共450分钟)
现象思考	通过了解目前队员的生活学习现状，分析他们不能很好地开展雏鹰假日小队活动的原因，使辅导员明白指导队员根据实际需求开展灵活多样的活动的重要性。	一、双休日队员们忙于各种补习班的学习引发的思考 （一）为了进入更好的中学 （二）为了学一门特长，不输给别人 二、雏鹰假日小队活动没能很好地开展，主要存在的原因 （一）被导班所“侵占”，活动时间少 （二）家长不重视 （三）活动形式单一、内容无趣、缺少计划和安排	学习案例 学习案例	45 分钟
		作业：调查问卷一份及问题讨论。	完成作业	30 分钟
理论学习	通过聆听报告、学习资料，让辅导员了解雏鹰假日小队的相关理论，掌握按需活动的具体要求和方法，指导队员填写任务单。	一、雏鹰假日小队活动的相关理论 （一）什么是雏鹰假日小队活动 （二）雏鹰假日小队活动的意义 （三）雏鹰假日小队活动的八步法 二、雏鹰假日小队的类型及活动内容 （指导填写假日小队活动记录单） 100 个爱国主义教育基地目录及历年活动集锦。	微报告 微报告 自学材料	45 分钟 30 分钟 60 分钟
		作业：论述题 2 题。	完成作业	40 分钟

（续表）

<table>
<tr><th>环节</th><th>学习目标</th><th>主要内容</th><th>学习方式</th><th>时长(共450分钟)</th></tr>
<tr><td rowspan="3">案例分析</td><td rowspan="3">通过观摩优秀的小队活动实例，让辅导员掌握假日小队活动的设计、组织、运作、评价等具体内容，提升组织开展雏鹰假日小队活动的能力。</td><td>案例1:在活动开展前，小队成员一起讨论这次小队活动的内容(去采访因视网膜脱落不得不放弃工作的学校老师)，在确定了内容后，大家针对自己的特长进行任务分工。
<table><tr><th colspan="2">职位名称</th><th>主要职责</th></tr><tr><td rowspan="6">向日葵小队</td><td>收集员</td><td>在全校收集采访问题，整理出采访的问题</td></tr><tr><td>采购员</td><td>买花、送花</td></tr><tr><td>联系员</td><td>与韩老师联系</td></tr><tr><td>小记者</td><td>负责采访</td></tr><tr><td>记录员</td><td>负责采访记录、文字编辑</td></tr><tr><td>摄影师
宣传员</td><td>现场拍照片
做成 PPT</td></tr></table>(观看视频后，讨论:活动内容确定、建职立位)</td><td>学习案例</td><td>15 分钟</td></tr>
<tr><td>案例2:现在的孩子多为独生子女，享受爸爸妈妈等长辈的关爱，俨然成了家中的“小皇帝”“小公主”，这优越的环境背后不知道花费了长辈多少的心血，但队员在享受着幸福的同时却不懂得感恩。于是，有这么一支小队，在家长辅导员的带领下来到了“婴儿保健中心”，体验了父母是怎么照料小宝宝的。
● 了解婴儿的成长过程
● 怎样护理婴儿
(讨论内容:体验式活动、“特邀辅导员”)</td><td>学习案例</td><td>15 分钟</td></tr>
<tr><td>作业:论述题1题。</td><td>完成作业</td><td>40 分钟</td></tr>
<tr><td rowspan="2">实践反思</td><td rowspan="2">辅导员根据自己中队假日小队组建的具体要求，进行反思，完成相应作业。</td><td>运用理论指导实践，完成作业:
● 辅导员根据自己中队的情况设计培训方案并上传，对方案进行组内讨论，并修改和完善。</td><td>完成作业</td><td>90 分钟</td></tr>
<tr><td>● 观看至少3份其他学员的活动方案，并围绕如何进行“按需活动，灵活多样”为主题，对这些方案发表评论。</td><td>网上互动</td><td>40 分钟</td></tr>
</table>

四、课程评价

（一）评价内容与方式

课程学习时间考核，学员全程参加网上课程学习，观看微讲座、案例、评析等录像。

课程效果反馈，学员在课程结束后，在线填写《“雏鹰假日小队的实施”网络课程效果反馈调查表》。

（二）课程作业

作业采用客观题和主观题两种形式。（1）现象思考环节针对辅导员了解的雏鹰假日小队活动开展情况，有4道选择题，每题1分，共4分；一道问题讨论，共10分，重在了解学员在组织开展雏鹰假日小队活动中的困惑。（2）理论学习环节有两道论述题，每题15分，共30分，主要考查学员是否掌握了理论学习的重点。（3）案例分析环节有1道论述题，共20分，考查学员是否能够用理论分析实际问题。（4）实践反思作业的目的是考查学员是否能用学习到的理论指导并解决实践问题。要求学员提供初始作业（辅导员根据自己中队的情况设计活动方案）一份、基于讨论后的改进作业一份（修改后的活动方案），分值为40分，另外学员还要观看至少3份其他学员的活动方案，并跟帖，每跟帖一次，2分，封顶6分。

（三）课程效果反馈

对学员课程满意度进行调查来反馈课程实施效果。学员在课程结束后，利用研修平台的在线评价功能，填写课程效果反馈表，对课程的主题、内容和效果等进行评价。

《“雏鹰假日小队的实施”网络课程效果反馈调查表》

1. 您是否清楚此次研究课程的目标？

A. 非常清楚　　B. 比较清楚　　C. 不太清楚　　D. 完全不清楚

2. 请您根据本次学习的实际感受，在相应的等级上画圈“○”（提示：按五级评价，5代表最好，1代表最差）。

专题或活动	主题的针对性	内容的适切性	效果的满意度
1. 问题聚焦	5—4—3—2—1	5—4—3—2—1	5—4—3—2—1
2. 理论学习	5—4—3—2—1	5—4—3—2—1	5—4—3—2—1
3. 案例分析	5—4—3—2—1	5—4—3—2—1	5—4—3—2—1
4. 实践反思	5—4—3—2—1	5—4—3—2—1	5—4—3—2—1

3. 您比较喜欢本次课程的哪些形式?(多选)

A. 互动研讨　　B. 讲座视频　　C. 案例解读　　D. 作业问卷

4. 您认为此次课程培训对您的工作是否有帮助?

A. 很有帮助　　B. 有点帮助　　C. 完全没帮助　D. 说不清楚

5. 您对本次研修课程的设计与安排是否满意?

A. 非常满意　　B. 比较满意　　C. 不满意　　D. 说不清楚

6. 请说出学完本课程后您最想说的话________________________

____

7. 对本次研修,您有何改进建议?

____

____

上海市徐汇区启新小学　张惠勤

上海市徐汇区教育学院附属实验小学　高　玥

上海交通大学附属小学　金琦敏

上海市徐汇区求知小学　沈　蕾

上海市教育科学研究院实验小学　冯雪飞

上海市徐汇区康宁科技实验小学　张　宏

家庭教育

“职初期班主任家访的基本流程和基本技巧”课程纲要

一、课程背景

在中小学班主任的工作中，家访可以说是必不可少的一部分，家访是班主任了解学生情况，与家长共同对学生实施教育的一种形式，是思想教育的重要途径。由于家访在实际工作中具有很重要的意义，它已成为班主任工作的重要内容之一。对于高一的学生和家长而言，面临初高中的衔接和适应，对于新环境、新老师、新同学充满期待，也迫切想通过教师家访来获得更多的相关信息和指导。而对于职初期的班主任而言，面对家访却遇到了很多的困惑，诸如怕家长看到自己年轻而产生不信任；怕自己说的内容不恰当、合适；不知道如何通过第一次家访来了解学生家庭的基本情况、学生的性格、习惯等；还担心说错话，或者家长的一些问题自己答不出来等。可以说这些困惑在职初期的班主任身上普遍存在，他们缺乏对在家访过程中和家长沟通时的注意事项、家访的基本技巧等的了解，并且迫切想得到专业的指导和帮助。基于此，本课程通过讲座、理论学习、案例分析、网络互动研讨等形式，指导职初期班主任正确认识家访的意义，了解家访的基本流程，掌握家访的基本技巧，提升职初期班主任的实践能力，让其更快地进入角色。

二、课程目标

1. 通过现象分析，让职初期班主任了解在家访中容易产生的问题及其原因，提高反思和提炼问题的能力。

2. 通过聆听讲座、分析案例，了解家访的基本流程，掌握家访的基本技巧，更好地进行家校沟通。

3. 能运用所学理论分析优秀班主任家访案例中的成功和不足之处，提高案例重点、难度分析能力。

4. 能运用所学的家访的基本流程和基本技巧，设计家访方案，列出家访需要了解哪些问题、家访的重点和难点。

三、课程内容与安排

环节	学习目标	主要内容	学习方式	时长(共405分钟)
现象分析	通过现象分析，知道在家访中存在的问题，能认识到问题的原因，提高反思和提炼问题的能力。	职初期班主任对于家访过程中遇到的困惑解读。	微讲座	10分钟
		作业：选择题10题。	完成作业	20分钟
理论学习	通过聆听讲座、分析案例，了解家访的基本流程，掌握家访的基本技巧，更好地进行家校沟通。	一、家访的概念和意义 二、家访前的准备 （一）了解相关信息 1. 了解学校的校史，发展情况，办学理念和办学特色。 2. 了解本班各科任课老师的基本情况和特色、特长。 3. 了解学生的基本情况、学习能力、成绩情况、兴趣爱好和特长。 4. 从学生档案中了解学生家庭的基本情况、学生的性格和习惯。 （二）访前联系和准备 1. 电话联络的相关内容和注意事项。 2. 设计合理的家访路线。 3. 预设家访过程中家长会提的问题。	微讲座	30分钟
		三、家访过程及注意事项 （一）与家长沟通的主要内容 1. 学校的现状和发展，育人目标。 2. 积极宣传任课老师的优点。 3. 指出初高中衔接过程中会遇到的各种问题。	互动式微讲座	30分钟

（续表）

<table>
<tr><th>环节</th><th>学习目标</th><th>主要内容</th><th>学习方式</th><th>时长(共405分钟)</th></tr>
<tr><td rowspan="3">理论学习</td><td rowspan="3"></td><td>4. 听取家长的意见、建议和期望。
5. 对学生提出相关要求。
（二）与家长沟通时的注意事项
1. 不要胆怯，要显示出自信，并在这个过程中体现对家长的尊重。
2. 不要谈及自己不确定的信息。
3. 不宜对老师的好和坏进行评价。
4. 可以事先对家长可能会涉及的问题作好应对的策略。</td><td></td><td></td></tr>
<tr><td>郑学志《与学生家长“过招”——班主任的家长工作艺术和技巧》中相关内容
汪媛《做一个家长喜欢的班主任》中相关内容</td><td>自学</td><td>90 分钟</td></tr>
<tr><td>作业：选择题 15 题。</td><td>完成作业</td><td>30 分钟</td></tr>
<tr><td rowspan="3">案例分析</td><td rowspan="3">能运用所学理论分析优秀班主任家访案例中的成功和不足之处，提高案例分析能力。</td><td>一、与家长沟通的技巧
拍摄陈老师家访的整个过程的视频，呈现陈老师在家访前的准备过程，在家访中和家长沟通的过程。通过视频，具体分析案例中家访的成功和不足之处，并指出注意事项，分析成功的经验。</td><td>案例学习：视频、PPT+画外音</td><td>45 分钟</td></tr>
<tr><td>二、讨论议题
如果你是案例中的老师，针对案例中家长提出的一些问题，你会怎么和家长进行交流？</td><td>网上互动研讨</td><td>30 分钟</td></tr>
<tr><td>作业：选择题 10 题。</td><td>完成作业</td><td>30 分钟</td></tr>
<tr><td rowspan="2">实践反思</td><td rowspan="2">能运用所学的家访的基本流程和基本技巧，设计自己的家访方案并实施和改进。</td><td>作业：
• 提交一份家访计划，并实施。
• 提交家访过程中遇到的问题。</td><td>完成作业</td><td>60 分钟</td></tr>
<tr><td>网上互动：观看至少 3 份其他学员的作业，并对其他学员提出的问题发表评论。</td><td>讨论</td><td>30 分钟</td></tr>
</table>

四、课程评价

（一）评价内容与方式

课程学习时间考核，教师全程参加网上课程学习，观看讲座、课例、评析等录像，至少连续完成80%的视频观摩时间。

课程效果反馈，学员在课程结束后，在线填写《“职初期班主任家访的基本流程和基本技巧”网络课程效果反馈调查表》。

（二）课程作业

作业采用客观题和主观题两种形式。(1)现象分析环节对于职初期的困惑有10道选择题，每题1分，共10分，呈现若干现象分析结果的答案供选择，考查学员是否针对该现象进行了思考。(2)理论学习环节有15道选择题，每题2分，共30分，考查学员是否掌握了家访的基本流程和基本技巧的理论学习的要点和重点。(3)案例分析环节有10道选择题，每题2分，共20分；提供真实拍摄的视频案例分析结果的答案供选择，考查学员是否能够用理论分析实际问题，提高案例分析的能力。三个环节中所有客观题相加后的总分值是60分。(4)实践反思作业的目的是考查学员是否能用学习到的理论指导并解决实践问题。要求学员提供初始作业（家访过程中遇到的问题、一份家访计划）一份，基于实践的作业修改稿一份（家访计划的达成度和过程性的思考），分值为40分，每个环节按完成度计各15分，完成质量为10分。

（三）课程效果反馈

对学员课程满意度进行调查来反馈课程实施效果。学员在课程结束后，利用研修平台的在线评价功能和课程效果反馈表，对课程的主题、内容和效果等进行评价。

《“职初期班主任家访的基本流程和基本技巧”网络课程效果反馈调查表》

1. 您认为培训中的个案是否贴近学校生活，有一定代表性？

A. 是的　　　　B. 一般，较有代表性

C. 属于个案，没有代表性

2. 通过培训，您是否对家访的基本流程有所了解？

A. 非常了解　　B. 基本了解　　C. 不了解

3. 通过培训，您是否对家访的基本技巧有所了解？

A. 非常了解　　B. 基本了解　　C. 不了解

4. 您认为需要进一步加强的课程内容是哪一部分？

A. 理论知识　　B. 案例分析　　C. 实践内容

5. 您认为本次研修课程对您的工作开展有帮助吗？

A. 很有帮助　　B. 一般　　C. 没有帮助

6. 您对本次研修课程的设计与安排是否满意？

A. 很满意　　B. 满意　　C. 一般　　D. 不满意

7. 对于本次研修，您有何改进建议？

____

____

上海市第二中学　李拥军　陈樱樱

“如何与不同类型初中生家长进行家校互动”课程纲要

一、课程背景

目前，我国的家庭独生子女居多，家庭结构基本上是“四二一”式，爷爷奶奶加上父母陪着一个孩子，孩子倍受家庭宠爱，他们是家庭的希望，家长对他们是“望子成龙，望女成凤”，同时还希望他们能“快乐”学习。

孩子的发展情况也各不一样，有的孩子家庭条件好，优越感强，兴趣广泛；有的孩子家中经济比较困难，有点胆小，有点自卑；有的孩子想学习，但方法不对，完全依赖课外补课；还有的孩子过于娇宠，自私、任性，爱发脾气，经常会在班里发生暴力行为，而且吃不得苦，作业漏做或者不做等不良现象比较严重……家长也想知道孩子在学校的情况，想知道学校的教学进度，以便给孩子辅导；教师教学压力很重，也都希望自己的教学很有成效，希望和家长多沟通，及时处理孩子的问题，让孩子能健康发展。

家校互动，有利于加强家校交流，形成家庭、学校、社会教育的合力，构建和谐教育。我通过多年的实践与反思，积累了一些如何跟不同类型家长沟通的经验及策略。为了提高班主任老师家校互动的效率，本课程通过讲座、案例分析、网络互动研讨等形式，交流提升班主任老师通过家校互动，处理班级突发事件、提高班级凝聚力、激发学生学习兴趣、打造“团结合作，奋发向上”的班集体的能力。

二、课程目标

1. 对与不同类型家长沟通时出现的问题和现象进行思考，知道家校互动时会出现的问题及其成因。

2. 通过理论学习和案例分析，了解家校互动的具体流程及要求，掌握家校互动的实施策略,用积极乐观的态度解决问题。

3. 能运用所学理论分析相关案例,学会反思,掌握恰当地与不同类型家长沟通,家校互动的基本方法,能有效处理班级突发事件,提高班级凝聚力。

4. 能运用所学理论知识,根据班级实际情况,通过家校互动,激发学生学习兴趣,打造"团结合作,奋发向上"的班集体。

三、课程内容与安排

环节	学习目标	主要内容	学习方式	时长(共365分钟)
现象思考	通过案例,发现与反思在家校互动时出现的问题。	由于孩子的发展情况各不一样,家长对孩子的态度、期望值也各不一样,家校互动时会出现各种各样的状况。 现象一:家长对孩子期望值高,家校互动时会提出各种各样不合理的要求。	案例学习(案例分析):PPT+画外音	5分钟
		现象二:家长对孩子放任自流,对老师的要求置之不理,把责任推给老师。	案例学习(案例分析):PPT+画外音	15分钟
		现象三:家长跟老师互动过于频繁,不分时间、地点,严重影响老师的生活。	案例学习(案例分析):PPT+画外音	15分钟
		讨论:我在家校互动中遇到的问题。	完成作业	30分钟
理论学习	通过聆听讲座、阅读材料等方式,了解家校互动的具体流程及要求,掌握基本方法并理解其在建班育人中的重要性和必要性。	一、家校互动的必要性与重要性 家校互动,有利于加强家校交流,使家庭教育与社会教育、学校教育紧密结合起来,形成家庭、学校、社会教育的合力,构建和谐教育。 二、家校互动,针对不同类型的家长,要有不同的应对策略 (一)对于会提不合理要求的家长要"晓之以理" (二)对于对孩子放任自流的家长,要"动之以情"	问答式微讲座	45分钟

（续表）

环节	学习目标	主要内容	学习方式	时长(共365分钟)
理论学习		（三）对于跟老师互动过于频繁的家长要“授之以渔” （四）要注意与家长沟通的语言艺术，提高互动的有效性 三、家校互动，多渠道沟通，让孩子形成好习惯 （一）多渠道沟通，培养孩子好的学习习惯 （二）营造家庭文化学习的氛围，让孩子能自主学习 （三）可以依靠家委会，建立家长老师微信群，让家长互谈育儿感受，老师适时点拨 （四）可以和任课老师形成合力，分学科进行指导，家校互动，培养孩子良好的学习习惯，提高学习效率 （五）让家长成为孩子的学习伙伴，提高孩子的自信心 四、家校互动，让能力强的孩子更加优秀		
		讨论：我在家校互动中遇到的问题及处理办法。	互动式微讲座	20分钟
案例分析	掌握恰当地与不同类型的家长沟通的基本方法和实施策略，努力打造“团结合作，奋发向上”的班集体。	案例1：家长配合，使问题孩子健康发展 有的家长过于娇宠孩子，使其自私、任性，爱发脾气，经常会在班里发生暴力行为，而且吃不得苦，作业漏做或者不做等不良现象比较严重……家校互动可以及时处理孩子的问题，让孩子能健康发展。	案例学习：PPT + 画外音	45分钟
		案例2：亲子游戏，使自卑的孩子充满自信 孩子的发展情况各不一样，有的孩子家庭条件好，优越感强，兴趣广泛；有的孩子家中经济比较困难，有点胆小，有点自卑；有的孩子想学习，但方法不对，完全依赖课外补课……老师可以利用家访给孩子以鼓励，指导学习方法，为家长排忧解难，帮助家长树立正确观念，使家长和老师拧成一股合力，家校互动，一起教育孩子，促使孩子健康成长。	案例学习：PPT + 画外音	30分钟

（续表）

环节	学习目标	主要内容	学习方式	时长（共365分钟）
案例分析		讨论： • 当你遇到班里孩子捣蛋惹事不听话，你是怎么处理的？请举例描述。 • 当班里孩子偷懒，遇到难题就逃避，不做作业，你是怎么做的？请举例描述。	完成作业	30分钟
实践反思	运用所学进行实践。	作业（二选一）： • 提交一份自己通过"家校互动"促进班集体建设的案例（有相关截屏）。 • 提交一份目前自己在"家校互动"中遇到的问题及处理办法的文本。	完成作业	90分钟
		网上互动：观看至少3份其他学员的作业，并围绕"家校互动"促进班集体建设的要求发表评论。	讨论	40分钟

四、课程评价

（一）评价内容与方式

课程学习时间考核，教师全程参加网上课程学习，观看"如何与不同类型初中生家长进行家校互动"专题教育指导、现象思考、理论学习、案例分析讲座、评析等视频，至少连续完成80%的视频观摩时间。

课程作业考核，现象思考环节采用主观题形式，理论学习环节和案例分析环节采用客观题形式，实践反思环节采用主观题形式。主观题可采用评议、点赞、讨论等手段评阅，主讲教师对优秀作业进行置顶展示与加分。

课程效果反馈，课程结束后，学员在线填写《"如何与不同类型初中生家长进行家校互动"网络课程效果反馈调查表》。

（二）课程作业

课程作业满分100分，达到60分为合格。

作业采用主观题和客观题相结合的形式，考查学员在课程各个环节中学习目标的达成度。（1）现象思考环节（20分）作业为主观题，谈谈自己在家校互动中遇到的一些问题，目的是考查学员是否针对一些现象进行了思考，以便后面有的放矢地解决问题。(2)理论学习环节(20 分)有 5 道选择题,每题 4 分,考查学员是否掌握了理论学习的要点和重点。(3)案例分析环节(20 分)有 5 道判断题,每题 4 分,考查学员是否能够运用理论分析实际问题。(4)实践反思环节(40 分)作业为主观题,目的是考查学员是否能用学习到的理论指导并解决实践问题。要求学员提交一份自己"通过家校互动促进班集体建设"的成功案例,或者,提交一份目前自己在"家校互动"中遇到的问题及处理办法,并完成网上互动。

(三) 课程效果反馈

对学员课程满意度进行调查来反馈课程实施效果。学员在课程结束后,利用研修平台的在线评价功能,填写课程效果反馈表,对课程的主题、内容和效果等进行评价。

《"如何与不同类型初中生家长进行家校互动"网络课程效果反馈调查表》

1. 您是否清楚此次研修课程的目标?

A. 非常清楚　B. 比较清楚　C. 不太清楚　D. 完全不清楚

2. 请您在相应的等级上画圈"○"(提示:按五级评价,5 代表最好,1 代表最差)。

专题或活动	主题的针对性	内容的适切性	效果的满意度
1. 现象讨论	5—4—3—2—1	5—4—3—2—1	5—4—3—2—1
2. 视频讲座	5—4—3—2—1	5—4—3—2—1	5—4—3—2—1
3. 案例分析	5—4—3—2—1	5—4—3—2—1	5—4—3—2—1
4. 自主学习(作业)	5—4—3—2—1	5—4—3—2—1	5—4—3—2—1

3. 您认为最有效的课程形式是?

A. 专题报告　B. 案例分析　C. 互动研讨　D. 自主学习

4. 您认为本次研修课程对您的工作开展有帮助吗?

A. 很有帮助　B. 一般　C. 没有帮助

5. 您对本次研修课程的设计与安排是否满意?

A. 很满意　B. 满意　C. 一般　D. 不满意

6. 对于本次研修,您有何改进建议?

____

____

上海市第二初级中学　邱少蕙

“与家长沟通的原则与技巧”课程纲要

一、课程背景

随着人们物质、文化生活水平的提高，家长对优质教育的期望越来越强烈。他们希望孩子受到好的教育，希望孩子得到老师无微不至的呵护。孩子一旦在学校磕着碰着了，有些家长当面就给老师难堪；有些家长不配合老师工作，反而会提非分要求，对班主任工作指手画脚；有些家长只听孩子一面之词，对老师的工作产生误解，增加了矛盾；由于家长和班主任看待问题的角度不同，有些家长很难接受老师提出的意见，甚至帮助孩子欺瞒老师……因此，许多老师也抱怨：现在不光孩子难教，家长也越来越难沟通了。到底如何解决这一矛盾，激活家校的合力，促进孩子的健康发展呢？

与人沟通的能力是现代人必须具备的基本素质之一。教师沟通能力的强弱，沟通水平的高低，可以直接影响我们的工作。国内外的教育专家普遍认为：在当今时代，教师已经不能独立解决许多迫切的教育问题，现代的学校需要家长们的积极参与。身为老师，特别是班主任，很多时候都要和家长谈话，共同商讨如何使孩子成长得更好。所以，怎样与家长建立良好的沟通，营造和谐的家校关系，形成家校合力的状态，掌握一定的沟通技巧至关重要。

二、课程目标

1. 班主任通过与家长沟通时出现的问题分析思考，初步了解与家长沟通出现问题的原因。

2. 班主任通过理论学习和案例分析，了解与家长建立良好沟通的原则、掌握一些与家长沟通时的技巧。

3. 能运用所学理论知识改进自己与家长的沟通方式并在班主任工作中实施、反思与再改进。

三、课程内容与安排

环节	学习目标	主要内容	学习方式	时长(共450分钟)
现象思考	分析思考班主任与家长沟通时出现的问题,初步了解与家长沟通出现问题的原因。	一、家校沟通不畅的现象 有一些家长经常会对老师提非分要求;有些家长听取孩子一面之词,对老师产生误解;由于立场不同,导致家长不愿意倾听和接受班主任的意见,甚至帮助孩子欺瞒老师;有一些家长忙于生计,关注孩子比较少,班主任苦口婆心但收效甚微。 二、家校沟通不畅的原因 (一) 角色差异引起的矛盾 (二) 交往障碍引起的矛盾 (三) 缺乏换位思考引起的矛盾 (四) 处理问题的功利性态度引起的矛盾 (五) 印象失真引起的矛盾 (六) 对学生评价的侧重点不同引起的矛盾 (七) 情感障碍引起的矛盾	微讲座:PPT + 个人讲解	70分钟
		作业:单项选择题 5 题。	完成作业	20 分钟
理论学习	班主任通过理论学习和案例分析,了解与家长建立良好沟通的原则、知道一些与家长沟通时的技巧。	一、与家长沟通的基础与原则。 (一) 做好家访,达成共识 (二) 自尊自爱,注重形象 (三) 宽容待人,换位思考 (四) 正直坦诚,不偏不倚 (五) 明确原则,富有人情 二、与家长沟通技巧 (一) 明确沟通目的,做好相应准备 (二) 真诚平等交流,注重言辞恳切 (三) 沟通形式多样,因人因事而异 (四) 给出解决策略,抑制不良情绪 (五) 肯定家长作用,共绘美好愿景 三、与家长建立纽带的一些方式 (一) 开好每一次家长会,做好与家长群体的交流 (二) 建立班级家委会,充分发挥家长的教育力量	微讲座:PPT + 个人讲解 + 案例学习及分析	80 分钟

（续表）

环节	学习目标	主要内容	学习方式	时长(共450分钟)
理论学习		1. 家委会如何建立? 2. 家委会管理体系。 3. 家委会工作内容。 4. 如何指导家委会开展工作?		
		自学材料: ●《不同类型家长不同的沟通技巧》 ● 关于沟通的一些基础理论知识,阅读余世维著《有效沟通》第一章《沟通也是生产力》	自学	40分钟
		作业:单项选择题5题。	完成作业	40分钟
案例分析	能运用所学理论分析相关的案例,掌握与家长建立良好沟通的原则和技巧。	一、基于沟通原则进行案例分析 案例1:苗同学是某初中一年级的学生。六年级时学科老师经常找他父母反馈学习情况,但其父母来沪打工,忙于生计,且教育手段有限,收效甚微。 进入初一,他沉迷游戏,成绩退步得更厉害。班主任打电话找家长,家长找各种借口,不肯到校与老师沟通。至此,苗同学学习态度越来越差。 班主任几次打电话苦口婆心,希望家长多试着为孩子着想,可家长内心害怕到校被老师批评,加上对孩子的失望,情愿多打一份工,也不愿意在家管理帮助孩子,家校沟通陷入僵局。 (一) 案例中有效的沟通原则 (二) 案例中有待改进之处 二、基于沟通技巧进行案例分析 案例2:七年级一次春游中,班级中有一名女生未在指定时间报到,文化水平一般的导游找到她以后,忍不住批评她:怎么这么笨呢?连大门都找不到! 女生当时未向班主任及时反馈,但是回去后和父母一讲。家长立马气势汹汹地打电话给班主任,说孩子因为这件事情晚上睡不好做噩梦,要求导游到学校当面道歉。新接班的班主任急忙联系导游方公司了解情况,并解释了导游当时只是开玩笑,并无恶意。在交涉下,希望家长不要把事情弄大。老师会找学生了解情况,并让导游写道歉书。	案例学习:+PPT	60分钟

（续表）

环节	学习目标	主要内容	学习方式	时长（共450分钟）
案例分析		本以为事情会顺利过去，但是没过两天开家长会时，家长气势汹汹地冲到学校办公室，指着班主任的鼻子乱骂一通，说老师和导游都是互相串通，恐吓小孩，当着其他家长的面，班主任很是难堪，下不来台…… （一）案例中有效的沟通技巧 （二）案例中有待改进之处		
		网上讨论：结合案例1、2，谈谈感悟收获或者可改进之处。	网上互动研讨 完成作业	40分钟
实践反思	能运用所学理论知识改进自己与家长的沟通方式并在班主任工作中实施、反思与再改进。	撰写一个与家长沟通的案例，并分析有效的做法，结合以下问题进行反思： 1. 在学生出现了问题，需要与家长沟通前，教师是否了解了问题发生的原因？ 2. 是否有了解决问题的方法和建议？ 3. 是否了解家长？能否因人而异，采取不同的沟通方法？	完成作业	60分钟
		网上互动： 阅读至少2份其他学员的作业，并围绕沟通方法使用是否合理发表评论。	发表评论	40分钟

四、课程评价

（一）评价内容与方式

课程学习时间考核，教师全程参加网上课程学习，观看案例视频，讲座视频、案例分析视频、参与网上讨论等，至少连续完成80%的视频观摩时间。

课程作业考核，现象思考环节采用客观题；理论解读环节采用客观题；案例分析采用网上讨论、点赞等手段；实践应用环节采用主观题，撰写案例并分析，主讲教师对优秀作业进行置顶展示与加分。

课程效果反馈，学员在课程结束后，在线填写《“与家长沟通的原则与技巧”网络课程效果反馈调查表》。

（二）课程作业

课程采用考察学员在课程各个环节中学习目标的达成度，即学员须完成每一个环节的评价任务达成课程目标。

作业采用客观题和主观题两种形式，总分 100 分，并达到 60% 正确率。(1)现象思考环节有 5 道选择题，每题 6 分，共 30 分，考查学员是否针对该现象进行了思考。(2)理论学习环节有 5 道选择题，每题 6 分，共 30 分，考查学员是否掌握了理论学习的要点和重点。(3)案例分析作业为主观题，以互动的形式在网上进行发帖讨论，总分 10 分。(4)实践反思作业为主观题，目的是考查学员是否能用学习到的理论指导并解决实践问题。要求学员撰写一个与家长沟通的案例，并分析有效的做法，结合所学反思改进之处，分值为 30 分。

（三）课程效果反馈

对学员课程满意度进行调查来反馈课程实施效果。学员在课程结束后，利用研修平台的在线评价功能和课程效果反馈表，对课程的主题、内容和效果等进行评价。

《“与家长沟通的原则与技巧”网络课程效果反馈调查表》

1. 请您在相应的等级上画圈“○”（提示：按五级评价，5 代表最好，1 代表最差）。

专题或活动	主题的针对性	内容的适切性	效果的满意度
1. 观看现象思考讲座视频	5—4—3—2—1	5—4—3—2—1	5—4—3—2—1
2. 观看理论解读讲座视频	5—4—3—2—1	5—4—3—2—1	5—4—3—2—1
3. 观看案例分析视频	5—4—3—2—1	5—4—3—2—1	5—4—3—2—1
4. 撰写案例并分析	5—4—3—2—1	5—4—3—2—1	5—4—3—2—1

2. 通过培训，您是否对如何与家长沟通的原则有所了解？

A. 非常了解　　B. 基本了解　　C. 不了解

3. 通过培训，您是否对与家长沟通的技巧有所了解？

A. 非常了解　　B. 基本了解　　C. 不了解

4. 您认为最有效的课程形式是？

A. 讲座视频　　B. 案例分析　　C. 互动研讨　　D. 自主学习

5. 您认为本次研修课程对您的工作开展有帮助吗？

A. 很有帮助　　B. 一般　　C. 没有帮助

6. 您对本次研修课程的设计与安排是否满意？

A. 很满意　　B. 满意　　C. 一般　　D. 不满意

7. 对于本次研修，您有何改进建议？

____

____

上海市梅园中学　秦　丹

“帮助家长与青春期的孩子进行更好的沟通交流”课程纲要

一、课程开发背景

上了初中之后,很多学生的家长都有这样的烦恼:孩子也不知是怎么了,上小学的时候,性格脾气都比较好,跟父母很亲。可上初中后,就跟换了一个人似的,情绪波动特别大。有时为了一件小事就会暴跳如雷;有时,一回家就钻进自己的屋里不出来,一句话也不和家长说;有时,家长刚说上几句,他就嫌烦;和自己的同学、朋友聊起天来滔滔不绝,但是和家长的话却越来越少,甚至连自己的书包都不许家长碰;有时候孩子看家长的那种眼神就像看仇人似的。家长就不明白了:从小自己一手带大的孩子为何现在和自己不亲了?家长非常想关心自己孩子的思想发展、学习情况等,但是该怎么去关心呢?明知道有时候孩子做错了,却不敢直截了当地和孩子提出来,生怕孩子发脾气,不高兴,那该怎么处理呢?孩子面对电脑、面对游戏的时间比面对家长的时间多得多,该怎么正确引导孩子合理使用电脑呢?有些学生在学校里听老师的话、和同学友好相处,但是一回到家却像是个长满了刺的小刺猬,碰不得、说不得,这该如何是好?

处在青春发育期的孩子的思想变化、情绪起伏都比较大,在家庭中特别容易产生抵触情绪和逆反心理,做父母的就很难和孩子进行语言沟通和情感交流。好多家长都感到随着孩子年龄增长,跟孩子的交流越来越少。以前无话不谈,现在说不了几句话就没词了。家长跟孩子的交流少,隔阂就会越来越深;感情也会越来越淡薄。这样一来,时间一长,家长就更觉得不了解自己的孩子,孩子就很容易出现问题。

从心理学上来说:青春期是一个“退行”的时期、充满矛盾的时期、重新整合的时期,过去所有的心理过程都要在青春期重新“回炉”一遍。青春期也是孩子与父母张力最大的时期。如果家长能够有效陪伴孩子渡过这一时期,孩子将有机会调整自己的心理状态,建立起良好的价值观和人生观。

让孩子拥有健康的心理,德、智、体、美、劳、心理全面发展,这是社会、学校、家庭的一项重要任务,尤其是作为班主任,当家长带着以上这些问题来求助的时候,该怎么指导家长去解决这些问题就尤为重要。

对学生的教育,学校是一方面的力量,另一方面需要家庭教育的协助,这样才能真正起到作用。到了中学阶段,特别是进入初二年级以后,学生的身心正发生着很大的变化。他们的生理开始迅速发育,自我意识和独立意识迅猛发展。再加上家长过高的期望,较大的学业压力,都影响着他们的心理健康成长。所以,作为老师,要引导家长正确看待学生的成绩,能正确地指导家长更好地与孩子沟通交流。由于每个老师看问题的角度、对问题的认识度以及个人经验都不同,所以哪怕是相同的问题,处理方法也会有所不同。所以,通过本课程,大家能够做到集思广益、取长补短,以求在今后与家长的配合过程中能发挥更大的作用。

当然,要帮助家长共同参与到对学生的教育中,首先老师得掌握如何指导家长进行正确的家庭教育,所以,作为老师应具备这样的条件:搜集案例,并且研究不同的教育方式带来的不同效果;老师自身对教育青春期孩子应抱有积极、正面的态度;有与家长沟通的技能;对学生的点滴变化有很强的洞察力。

二、课程目标

1. 通过理论学习和案例分析,学会如何帮助家长与青春期的孩子进行更好的沟通交流。

2. 通过运用所学的理论知识,学会分析在帮助家长与青春期的孩子进行沟通交流中的成功与不足之处。

3. 能运用所学的理论知识,改进自己在帮助家长与孩子沟通中的桥梁作用,并在教学中实施、反思与再改进。

三、课程内容与安排

<table>
<tr><th>环节</th><th>学习目标</th><th>主要内容</th><th>学习方式</th><th>时长(共295分钟)</th></tr>
<tr><td rowspan="3">现象思考</td><td rowspan="3">通过案例分析,让老师们进行思考,各抒己见,进行思维碰撞,获得提升。</td><td>一、案例呈现
小宋同学原本是成绩中等偏上的同学,虽然脾气比较犟,但是在学校也比较遵规守纪,上课专心听讲,作业认真完成,对自己的成绩也挺在乎的。
但是自从初二暑假接触电子游戏后就一发不可收拾,各种暴力行为、怪异行为屡屡发生,以至于初中毕业后辍学在家,每天与电子产品为伍,不是电子游戏就是网络小说。
思考问题:
1. 小宋同学出现目前的状态,主要原因是什么?
2. 遇到小宋同学这种情况,你会对其进行怎么样的教育?
3. 你会对家长进行怎样的指导来帮助小宋同学,做好家校配合?</td><td>案例学习并根据问题思考讨论</td><td>15分钟</td></tr>
<tr><td>二、交流分析:遇到类似的情况,我们该如何指导家长配合学校,帮助孩子慢慢地进行改变呢?</td><td>交流对案例的看法,并提出自己的处理意见</td><td>10分钟</td></tr>
<tr><td>作业:选择题10题。</td><td>完成作业</td><td>10分钟</td></tr>
<tr><td>理论学习</td><td>通过理论结合案例的方法,了解家长在与孩子沟通交流上存在的主要问题,以及针对类似的状况,老师可以给到的一些建议和方法。</td><td>一、归纳现如今家长在与孩子的沟通交流上存在的问题
(一)家长以命令式、长辈式口吻与孩子沟通交流
(二)家长与孩子认识观念上的巨大差别
(三)家长对于交流技巧处理不当</td><td>理论学习</td><td>10分钟</td></tr>
</table>

（续表）

环节	学习目标	主要内容	学习方式	时长(共295分钟)
理论学习		二、提出建议 （一）更多地了解处于青春期孩子的一些变化和特点 1. 将搜集到的各种案例归类,并且找出各类案例的问题关键所在。 2. 把家长在这些案例中发挥的作用进行探讨研究,看看哪些做法是比较妥当的,哪些做法是适得其反的。 （二）站在学生的角度看问题,研究导致一些家长无法理解的行为或思想的根源所在 （三）老师在指导家长更好地与孩子进行沟通交流的注意点 1. 老师和家长必须有共同的目标。 2. 老师和家长是互相合作关系,注意自己的措辞和语气。 3. 老师和家长双方都可以提出自己的看法,最后共同协商具体实施方法。	理论和实例相结合。	60分钟
		作业:选择题10题。	完成作业	20分钟
案例分析	通过对案例的跟踪反馈,分析教育效果成功与否,有没有更好的教育方式。	一、展示完整的案例 小徐同学是个成绩比较优异的学生,但经常考试或者默写不交卷,用她的话说"与其被扣分,还不如不交"。每天早晨准时上学成为对她最奢侈的要求,演变到后来她干脆不来学校了,用她的话说:不让睡到自然醒就不上学。家长稍微多说几句就将门反锁;老师稍微多说几句就在学校的某个角落躲起来。	案例学习	10分钟
		二、讨论交流 1. 对于这种不交卷的行为,如何指导家长配合老师一起做思想工作? 2. 对于这种动不动就不来学校的行为,家长该怎么对待处理呢? 3. 家长在教育这类比较任性的孩子的时候,可以采用哪些比较有效的方法呢?	分析讨论	20分钟
		作业:选择题10题。	完成作业	10分钟

（续表）

环节	学习目标	主要内容	学习方式	时长（共295分钟）
实践思考	通过实践和发现，反思自己在指导家长的过程中的得与失。	作业： • 通过网络平台，分享参加本次课程培训的收获。 • 提交一份对家长进行指导的教育案例。 • 提交参加本课程培训的小结反思。	完成作业	90分钟
		网上互动： 阅读至少3份其他学员的作业，并围绕如何帮助家长与青春期的孩子进行更好的沟通和交流发表评论。	发表评论	40分钟

四、课程评价

（一）评价内容与方式

课程学习时间考核，教师全程参加网上课程学习，观看讲座、课例、评析等录像，至少连续完成80%的视频观摩时间。

课程作业考核，每个环节客观题正确率达到60%及以上；主观题可采用评议、点赞、讨论等手段评阅，主讲教师对优秀作业进行置顶展示与加分。

课程效果反馈，学员在课程结束后，在线填写《“帮助家长与青春期的孩子进行更好的沟通交流”网络课程效果反馈调查表》。

（二）课程作业

作业采用客观题和主观题两种形式。（1）现象思考环节有10道选择题，每题1分，共10分；呈现若干现象分析结果的答案供选择，考查学员是否针对该现象进行了思考。（2）理论学习环节有10道选择题，每题2分，共20分，考查学员是否掌握了理论学习的要点和重点。（3）案例分析环节有10道选择题，每题3分，共30分；提供若干案例分析结果的答案供判断、选择，考查学员是否能够用理论分析实际问题。三个环节中所有客观题相加后的总分值是60分。（4）实践反思作业的目的是考查学员是否能用学习到的理论指导并解决实践问题。要求学员提供初始作业（如教学设计方案、专题讲稿、实践作品等）一份，基于实践的作业修改稿一份（如修改后的教学设计、讲稿或实践作品），分值为40分，每个环节按完成度计各15分，完成质量为10分。

（三）课程效果反馈

对学员课程满意度进行调查来反馈课程实施效果。学员在课程结束后，利用研修平台的在线评价功能和课程效果反馈表，对课程的主题、内容和效果等进行评价。

《“帮助家长与青春期的孩子进行更好的沟通交流”网络课程效果反馈调查表》

1. 请您在相应的等级上画圈“○”（提示：按五级评价，5代表最好，1代表最差）。

专题或活动	主题的针对性	内容的适切性	效果的满意度
1. 现象思考	5—4—3—2—1	5—4—3—2—1	5—4—3—2—1
2. 理论学习	5—4—3—2—1	5—4—3—2—1	5—4—3—2—1
3. 案例分析	5—4—3—2—1	5—4—3—2—1	5—4—3—2—1
4. 实践思考	5—4—3—2—1	5—4—3—2—1	5—4—3—2—1

2. 您是否清楚此次研修课程的目标？

A. 非常清楚　　B. 比较清楚　　C. 不太清楚　　D. 完全不清楚

3. 您认为培训中的个案是否贴近学生的生活，有一定代表性？

A. 是的　　B. 一般，较有代表性

C. 属于个案，没有代表性

4. 通过培训，您是否对帮助家长与青春期的孩子进行更好的沟通交流有了更多的了解？

A. 有，帮助很大　　B. 一般，稍有帮助

C. 没有帮助

5. 您认为需要进一步加强的课程内容是哪一部分？

A. 理论知识　　B. 案例分析　　C. 实践内容

6. 您对本次研修课程的设计与安排是否满意？

A. 很满意　　B. 满意　　C. 一般　　D. 不满意

7. 对于本次研修,您有何改进建议?

____

____

上海市位育初级中学　李慧楠

“构建家校共同体，促进与初中学生沟通”课程纲要

一、课程背景

阿德勒在《儿童的人格教育》中有这样一段论述，“学校所谓的问题儿童，基本上都是儿童早期教育特别是家庭教育的结果，学校只不过是一种测试情景，把潜在的问题显露出来而已”。家庭教育既是学校教育的基础，又是学校教育的补充和延伸。初中学生正值青春风暴期，集中凸显矛盾、追求自我的心理特征，家庭教育的难度逐步升级，诸如孩子厌学怎么办，孩子网络成瘾怎么办，孩子性格孤僻没有朋友怎么办，等等，其中尤为突出的核心问题即沟通困难。由于沟通不畅，教育的效应便大打折扣，学生在矛盾彷徨时得不到父母与老师的心理支持，父母与老师苦口婆心劝导时学生却选择关闭心门。

鉴于此，在学校开展多年的“构建家校共同体，促进与初中学生沟通”项目实践研究的基础上，开发此课程，旨在帮助教师学习构建家校共同体活动的流程、操作要素、运行机制等，以及在此基础上学习如何以家校共同体的形式探讨与初中学生沟通的问题。让更多的家长与老师了解初中学生的心理特点，掌握与初中学生沟通的策略，让家长与老师成为初中学生健康快乐成长的陪伴者。

二、课程目标

1. 学习“共同体”的相关理论知识，增强教师对家校共同体的认识，在此基础上学习构建家校共同体活动的流程、操作要素、运行机制等。

2. 学习如何以家校共同体的形式促进与初中学生沟通。了解、学习初中学生的心理特点，综合学生的实际案例，探索与初中学生沟通的理念、方法与策略，帮助初中学生提升沟通能力，有效应对成长问题。

3. 学习和掌握如何扩大共同体的活动效应，构建面向全校的家庭教育指

导、教师培训的螺旋式模式，帮助更多的家长与老师了解初中学生的心理特点、心理需求，为学生提供更为科学、高效、恰当的教育，实现家长、教师与学生的共同成长。

三、课程内容与安排

环节	学习目标	主要内容	学习方式	时长(共640分钟)
现状分析	探讨传统家校合育的利弊，思考如何构建家校共同体，促进与学生沟通。	1. 了解传统家校合育可能的优势与不足，如发生事故相互推诿，夸大学校教育的责任、弱化家庭教育的必要性等。 2. 了解当前教师、家长与初中学生沟通中彼此的困惑与需求。 3. 学习初中阶段学生的心理特点与心理需求。	小组讨论 理论学习	60分钟
理论学习	学习共同体相关文献，了解国内外关于共同体的相关研究与实践；初步思考家校共同体构建的条件、运行机制等。	1. 家校合作现已成为一个全球化教育问题，根据各国国情所采取的家校合作方式也有所不同。简要介绍英国北爱尔兰大学教授摩根(V. Morgan)等人、美国学者戴维斯(D. Davies)等人的研究与实践。 2. 了解家校学习共同体构建的可能条件，如以解决目前教育中存在的问题为目的、以促使家长参与其子女的教育为目的、以利用社区教育资源来丰富学校教育为目的、以吸收家长参与教育决策为目的，等等。 3. 本研究中的家校学习共同体基本运行机制："学习共同体"(learning community)或译为"学习社区"，以完成共同的学习任务为载体，以促进成员全面成长为目的，强调在学习过程中以相互作用式的学习观作指导，通过人际沟通、交流和分享各种学习资源而相互影响、相互促进的基层学习集体。它与传统教学班和教学组织的主要区别在于强调人际心理相容与沟通，在学习中发挥群体动力作用。	理论学习小组讨论	60分钟
		作业：撰写家校学习共同体构建的条件、运行机制等。	完成作业	

（续表）

<table>
<tr><th>环节</th><th>学习目标</th><th>主要内容</th><th>学习方式</th><th>时长（共640分钟）</th></tr>
<tr><td rowspan="2">实践模拟1</td><td rowspan="2">模拟创建家校学习共同体，掌握共同体创建前后需要的准备工作。</td><td>1. 通过活动宣传、问卷调查、个别访谈、班主任推荐、家长自愿等多种方式招募家校共同体成员，吸纳学校班主任及部分任课教师，构建家校学习共同体。
2. 通过问卷调查、个别访谈，收集学生情况、家长需求及家庭教育现状等信息。
3. 召开家校共同体成立大会，成员共同商讨、明确该共同体的特征，诸如目标远景的一致性、情境的真实性、交互的主体性等，秉着自我需要、自愿参加、同伴互助、家校合作等原则共同拟定学习共同体活动开展的章程、活动类型、时间安排、共同体成员的权利与义务等内容。
4. 活动前后问卷征询。</td><td>情景模拟</td><td rowspan="2">120分钟</td></tr>
<tr><td>作业：梳理撰写该活动阶段的流程、注意事项等。</td><td>完成作业</td></tr>
<tr><td rowspan="2">实践模拟2</td><td rowspan="2">模拟共同体活动之“同伴分享，缓解压力”，掌握案例分享沙龙活动组织的流程、注意事项等。</td><td>1. 定期召开学习共同体成员交流活动，共同体成员分享各自的家庭教育、学校教育故事，相互倾诉，同伴的观点碰撞过程中，激发彼此的灵感，从中寻找相同点与不同点，寻找支撑。
2. 活动过程中，收集鲜活的问题，凝聚共同体的智慧。
3. 定期邀请专家，帮助共同体成员答疑解惑。
4. 建议每月进行一次沙龙活动，可邀请往届共同体成员组织沙龙活动，给予成员更加贴近实际生活的案例分享及策略建议。
5. 也可在网络平台开展案例交流。</td><td>情景模拟</td><td rowspan="2">60分钟</td></tr>
<tr><td>作业：撰写该活动阶段的流程、注意事项等。</td><td>完成作业</td></tr>
</table>

（续表）

环节	学习目标	主要内容	学习方式	时长（共640分钟）
实践模拟3	模拟共同体活动之“推荐阅读，更新理念”，掌握该活动组织的流程、注意事项等。	1. 共同体成员共同读一本家庭教育相关的书籍，定期分享读后感，不断更新教育理念，学习一系列实用有效的方法。 2. 分享读后感也可在网络论坛平台开展。 3. 读书活动中，让共同体成员逐步认识到与孩子共成长的重要意义与价值。 4. 建议每学期推荐一本书，阅读的书籍如《如何说，孩子才会听》《怎么听，孩子才肯说》《孩子，把你的手给我》等。	情景模拟	40分钟
		作业：撰写该活动阶段的流程、注意事项等。	完成作业	
实践模拟4	模拟共同体活动之“亲子活动，拉近情感”，掌握该活动组织的流程、注意事项等。	1. 活动设计。 2. 活动参考：家庭成员或师生合作，在限定的时间用指定的泡沫棒（教育方法）将手球（宝贝）赶回家，寓意孩子一路的成长充满曲折，寓意家长如何在不同的时期用恰当的教育方法让孩子经历风雨后愿意回家，让家庭真正成为孩子温暖的港湾。 3. 活动过程中，增加孩子与家长、教师更多的肢体接触、语言交流、情感交流。在欢笑着让宝贝回家的过程中，情感的自然释放可胜过许多客观的“教育技巧”。 4. 可根据共同体成员的特点、沟通问题具体情况，设计相关的游戏活动，重在借助活动增进情感交流。	情景模拟	60分钟
		作业：撰写该活动阶段的流程、注意事项等。	完成作业	
实践活动	掌握“以点带面，示范推广”活动的组织流程。	1. 通过小范围的家校共同体活动，以点带面，深入实践，收集各类沟通困惑及形形色色的家庭教育问题，通过家校共同体的形式总结策略。 2. 在此基础上，通过各种途径如家长会、班主任培训、家委会、网络论坛等，将共同体活动中的有效的沟通策略与理念进行宣传推广，并根据不同年级及受众群体的特点，形成不同的培训文本，强化活动效果，让更多的家长、老师受益。	完成作业	60分钟

（续表）

环节	学习目标	主要内容	学习方式	时长（共640分钟）
实践活动		3. 积极听取反馈意见，吸纳更多的共同体成员，扩大参与共同体活动的家庭数量，能够让更多存在家庭教育困惑的家庭现身说法，发现新问题，探索新思路，总结新策略。 4. 根据学校各类家长会及教师培训的时间安排，随时将共同体活动的相关内容进行宣传推广。 5. 在已有经验的基础上，探索与兄弟学校、社区家长学校有机联动机制，向更多的家长宣传、普及亲子沟通的理念与策略。	实践活动	60分钟
		作业：撰写该阶段活动的流程、注意事项等。	完成作业	
总结反思	回顾课程，巩固课程要点。	作业： • 提交一份完整的活动组织方案，可参考以上情景模拟。 • 提交一份活动实施的实录（文字方式）。	完成作业	120分钟

四、课程评价

（一）评价内容与方式

课程学习时间考核，教师全程参加课程学习，至少连续完成80%的视频观摩。

课程作业考核，每个环节作业准时提交，需凸显教师在活动设计中的个人思考。

（二）课程作业

课程采用“等第”的评价形式，考察学员对每个环节课程内容的理解与掌握程度。“优秀”，完全理解并掌握；“良好”，理解与掌握程度一般；“合格”基本理解掌握；“不合格”，未理解掌握。所有作业均需打到“合格”及以上，即达成课程目标。

（三）课程效果反馈

对学员课程满意度进行调查来反馈课程实施效果。学员在课程结束后，利用研修平台的在线评价功能和课程效果反馈表，对课程的主题、内容和效果等进行评价。

《"构建家校共同体,促进与初中学生沟通"网络课程效果反馈调查表》

1. 请您在相应的等级上画圈"○"(提示:按五级评价,5 代表最好,1 代表最差)。

专题或活动	主题的针对性	内容的适切性	效果的满意度
1. 现状分析	5—4—3—2—1	5—4—3—2—1	5—4—3—2—1
2. 理论学习	5—4—3—2—1	5—4—3—2—1	5—4—3—2—1
3. 实践模拟 1	5—4—3—2—1	5—4—3—2—1	5—4—3—2—1
4. 实践模拟 2	5—4—3—2—1	5—4—3—2—1	5—4—3—2—1
5. 实践模拟 3	5—4—3—2—1	5—4—3—2—1	5—4—3—2—1
6. 实践模拟 4	5—4—3—2—1	5—4—3—2—1	5—4—3—2—1
7. 实践活动	5—4—3—2—1	5—4—3—2—1	5—4—3—2—1

2. 您是否清楚此次研修课程的目标?

A. 非常清楚　　B. 比较清楚　　C. 不太清楚　　D. 完全不清楚

3.您认为最有效的课程形式是?

A. 现状分析　　B. 理论学习　　C. 实践模拟　　D. 实践活动

4. 您认为需要进一步加强的课程内容是哪一部分?

A. 理论知识　　B. 学科知识　　C. 实践内容

5. 您对本次研修课程的设计与安排是否满意?

A. 很满意　　B. 满意　　C. 一般　　D. 不满意

6. 对于本次研修,您有何改进建议?

____

____

上海市徐汇区教育学院附属实验中学　郭永芬　王海龙

“初中学校家长微信群建立及方法指导”课程纲要

一、课程背景

随着微信等新媒体技术的广泛使用，人与人的距离正在迅速“缩小”，而新媒体平台也越来越走入普通人的生活并成为大家生活中不可或缺的一部分。于是，班主任也开始使用新媒体技术来进行家校沟通、班级建设。

在前期，这种实施运用往往是基于班级家长微信群已然存在，或是教师的随性建立，在建立与运用时都未深入思考。所以，我校在教院德育室专家的指导下通过“基于微信群等新媒体技术班主任开展家校沟通的有效策略研究”这一项目来研究教师在运用微信等这些新媒体技术中发生的真实问题，积累一些典型或成功的案例，以提高微信群等新媒体技术在班主任班级建设、家校沟通中的效益。通过教院专家的指导与项目参与教师的积极思考、实践与反思，我们积累了不少经验并形成了初步的操作范式和基本策略。

由此，本课程从班主任建立与运用家长微信群方法的指导出发，通过讲座、案例分析、网络互动研讨等形式，指导班主任提升以建立并运用家长微信群来促进建班育人的教育能力。

二、课程目标

1. 通过现象思考，学会对家长微信群建立及运用时的问题和现象进行反思。

2. 通过聆听讲座、分析案例，了解家长微信群建立及运用的具体流程及要求，掌握基本方法并理解其在建班育人中的重要性和必要性。

3. 根据班级实际情况，建立家长微信群并运用恰当的方法来促进建班育人。

三、课程内容与安排

环节	学习目标	主要内容	学习方式	时长(共465分钟)
现象思考	通过案例,发现与反思在建立班级微信家长群时出现的问题。	一、建立家长微信群时出现的问题 (一)从建立者来看,班主任老师不是家长微信群的建立者,易产生管理权、主导权缺失的问题 (二)从规则建立来看,没有群规则,则易发生家长微信群中所发内容随意、闲杂的问题 案例:某班家长建立了家长微信群之后拉班主任老师入群。不久,班主任就发现有家长频繁发送购物链接,还经常聊八卦新闻。班主任老师想发声阻止,又觉得不好意思,十分烦恼。还有些家长经常在群里问这问那,有时还会要求老师提醒自家孩子吃药、热了不要脱衣服以免着凉等;有的家长很晚了还在微信群里问老师一些问题,班主任老师疲于应对。	案例学习(案例分析):PPT + 画外音	10分钟
		二、家长微信群使用时出现的问题 (一)教师在家长微信群中发布内容时存在随意性现象 (二)教师在家长微信群中发布内容时存在发布负面内容的现象 案例1:某班班主任老师在家长微信群里发布了一张班级同学在运动会上奋笔疾书写通讯稿的照片,结果某位妈妈发现照片中自己孩子写字时头很低,于是开始抱怨孩子平时写字姿势不规范,并表示家里还能盯着孩子,到了学校就没人管了。这个话题得到不少家长的呼应,班主任老师觉得好烦恼,明明想表扬这些孩子写通讯稿很认真积极,没想到反倒被家长们抱怨自己没有提醒孩子们的写字姿势。冤枉的是,其实自己拍完照就发现了,也提醒了孩子,可家长们并不知情。		

（续表）

环节	学习目标	主要内容	学习方式	时长（共465分钟）
现象思考		案例2：某班班主任老师发布了一张集队的照片，里面全班同学都排列整齐，唯独小王同学回过头去，好像在和身后的小李同学说话。这张照片发布后一直没有任何家长发言，到了晚上，小王同学的家长发声说，问了小王同学，是因为后面的小李同学拍了小王他才回头的。没过多久，小李同学的家长也发声说，他孩子表示并没有拍过小王同学。这时，又有家长发声说这些都是小事情，小孩子嘛，很正常的，不要太计较。于是那两位家长又一起呼应说：就是嘛，说了话也没啥，不必小题大做。老师看着十分郁闷。	案例学习（案例分析）：PPT + 画外音	10分钟
		作业：案例讨论分析。	完成作业	30分钟
理论学习	通过聆听讲座、阅读材料等方式，了解家长微信群建立及运用的具体流程及要求，掌握基本方法并理解其在建班育人中的重要性和必要性。	一、家长微信群的建立 （一）家长微信群建立的必要性与重要性 1. 家长微信群的产生是新媒体技术的广泛运用之必然结果。 2. 微信群信息发布的便捷性、实时性和广播性使得微信群成为家校咨询共享的良好平台。 3. 微信群的存在是因为有共同的目标，而家长微信群的目标即是建班育人。 4. 微信群是班集体建设中文化建设的重要平台。	问答式微讲座	15分钟
		（二）家长微信群建立的基本流程及注意事项 1. 由班主任建立微信群，以群主的身份掌握主动权与主导权。 2. 不盲目建群，建群之前先进行家长问卷，了解家长使用新媒体的偏好、入群的意愿及对于群中内容的喜好。 3. 不急于发布信息，而是先汇总、梳理问卷，后建群，并在第一时间公布问卷结果，并以此引导家长建立群规则，明确家长微信群是以建班育人为目的的。		

（续表）

<table>
<tr><th>环节</th><th>学习目标</th><th>主要内容</th><th>学习方式</th><th>时长(共465分钟)</th></tr>
<tr><td rowspan="3">理论学习</td><td rowspan="3"></td><td>二、家长微信群内容发布的选择及注意事项
（一）家长微信群中发布内容的选择
1. 班级事务通知——资讯传达。
2. 班级重大活动直播——提升班级集体意识及荣誉感、分享校园生活。
3. 班级优秀学生荣誉或优秀作业、作品展示——树立班级榜样。
4. 优秀教育教学育儿心理等经验资源分享——普及相关经验、提升家长教育能力。
（二）家长微信群内容发布时的注意事项。
1. 信息发布要紧紧围绕建班育人之目的,发布的资讯与链接均要有积极作用。发布前仔细审阅,不随意发布。
2. 信息发布要正面积极,起到激励肯定作用,不发负面信息。
3. 每日发送内容不宜过多,避免视觉疲劳与信息重叠覆盖。</td><td>互动式微讲座</td><td>15 分钟</td></tr>
<tr><td>王震刚:《班主任如何建设一个优秀的班集体》中相关内容
关月玲:《班主任的班级文化建设》中相关内容</td><td>自学</td><td>45 分钟</td></tr>
<tr><td>作业:选择题 15 题,判断题 15 题。</td><td>完成作业</td><td>45 分钟</td></tr>
<tr><td rowspan="2">案例分析</td><td rowspan="2">通过观摩实例,了解家长微信群建立及运用的具体流程及要求,掌握基本方法并理解其在建班育人中的重要性和必要性。</td><td>一、家长微信群的建立
以耿强老师家长微信群建立的案例,说明家长微信群建立的流程及注意事项。</td><td>案例学习:PPT + 画外音</td><td>45 分钟</td></tr>
<tr><td>二、家长微信群内容发布的选择及注意事项
以张晶老师的家长微信群使用的案例,说明家长微信群发布的内容在建班育人方面所起的积极作用。</td><td>案例学习:PPT + 画外音</td><td>45 分钟</td></tr>
</table>

（续表）

环节	学习目标	主要内容	学习方式	时长（共465分钟）
案例分析		讨论议题： 1. 耿老师在家长微信群建立时是否体遵循了建群的正确流程，规避了盲目建群的风险？ 2. 张老师在家长微信群中发布的内容是否为班集体建设起到了积极的作用？	案例学习：PPT + 画外音	45分钟
		作业：选择题10题，判断题10题。	完成作业	30分钟
实践反思	运用所学进行实践。	作业： 1. 提交一份案例，案例内容在A、B两项中二选一。 A：提交一份建立并运用班级家长微信群促进班集体建设的案例。（有相关截屏） B：提交一份已经建立班级家长微信的完善案例。 2. 提交一份目前在班级家长微信群建立与使用中遇到的问题。	完成作业	90分钟
实践反思		网上互动：观看至少3份其他学员的作业，并围绕建立家长微信群促进班集体建设的要求发表评论。	讨论	40分钟

四、课程评价

（一）评价内容与方式

课程学习时间考核，教师全程参加网上课程学习，观看讲座、案例、评析、视频等，至少需连续完成80%的视频观摩时间。

课程作业考核，每个环节客观题正确率达到60%及以上可继续下一环节的学习，否则须重新进行该环节的学习；主观题可采用评议、点赞、讨论等手段评阅，主讲教师对优秀作业进行置顶展示与加分。

课程效果反馈，学员在课程结束后，在线填写《“初中学校家长微信群建立及方法指导”网络课程效果反馈调查表》。

（二）课程作业

课程采用“通关”的评价形式，考查学员在课程各个环节中学习目标的达成度，即学员须完成每一个环节的评价任务并达到一定正确率，方能进入下一阶段的学习，全部“通关”后，达成课程目标。

作业采用客观题和主观题两种形式。(1)现象思考环节有5道选择题，每题1分，判断题5题，每题1分，共10分；呈现若干现象分析结果的答案供选择判断，考查学员是否针对该现象进行了思考。(2)理论学习环节有15道选择题和15道判断题(共30题)，每题1分，共30分，考查学员是否掌握了理论学习的重点。(3)案例分析环节有10道选择题和10道判断题，每题1分，共20分；提供若干案例分析结果的答案供选择、判断，考查学员是否能够用理论分析实际问题。三个环节中所有客观题相加后的总分值是60分。(4)实践反思作业的目的是考查学员是否能用学习到的理论指导并解决实践问题。要求学员提供建立并运用班级家长微信群促进班集体建设的实践案例或是完善案例一份(30分)、困惑问题一份(10分)，分值为40分，每个环节按完成度计各15分，完成质量为10分。

（三）课程效果反馈

对学员课程满意度进行调查来反馈课程实施效果。学员在课程结束后，利用研修平台的在线评价功能，填写课程效果反馈表，对课程的主题、内容和效果等进行评价。

《“初中学校家长微信群建立及方法指导”网络课程效果反馈调查表》

1. 请您在相应的等级上画圈“○”(提示：按五级评价，5代表最好，1代表最差)。

专题或活动	主题的针对性	内容的适切性	效果的满意度
1. 现象思考	5—4—3—2—1	5—4—3—2—1	5—4—3—2—1
2. 理论学习	5—4—3—2—1	5—4—3—2—1	5—4—3—2—1
3. 案例分析	5—4—3—2—1	5—4—3—2—1	5—4—3—2—1
4. 实践反思(作业)	5—4—3—2—1	5—4—3—2—1	5—4—3—2—1

2. 您是否清楚此次研修课程的目标？

A. 非常清楚　　B. 比较清楚　　C. 不太清楚　　D. 完全不清楚

3. 您认为此次研修课程最有效的课程形式是？

A. 现象思考　　B. 理论学习　　C. 案例分析　　D. 实践反思

4. 您认为需要进一步加强的课程内容是哪一部分？

A. 现象思考　　B. 理论学习　　C. 案例分析　　D. 实践反思

5. 您对本次研修课程的设计与安排是否满意？

A. 很满意　　B. 满意　　C. 一般　　D. 不满意

6. 对于本次研修，您有何改进建议？

____

____

上海市徐汇区教育学院附属实验中学　姚　卿

“创新家长会方式”课程纲要

一、课程背景

学校是学生学习的主要场所,家庭是学生生活的主要空间。在影响孩子成长的各种因素中,家庭教育和学校教育是最重要的两个，能否整合家庭教育和学校教育,形成教育合力,关系到孩子是否能健康成长。目前,在家庭教育上主要存在以下现象:在应试教育的大环境下,有很多家长把家庭教育简单理解为家庭学习。孩子放学回家后,家长的关注点在今天上课有没有认真听讲,老师布置了什么作业,督促孩子完成作业,节假日给孩子报无数个培训班,美其名曰孩子不能输在起跑线上。实际上家长关注的只是学习成绩,没有关注到孩子的成长、成才、成人;只是关注到眼前,没有关注未来,只是考虑智力因素,忽视了道德品质等非智力因素。

当一个孩子背着新书包跨进小学大门的第一步,也就意味着他们从一个幼儿“转型”成了一位学生,这是多么神圣而又关键的一步。从那一天那一步开始,他将面临五年的小学生活。让一个孩子健康幸福地全面成长,学校和老师责无旁贷,家长的支持也尤为重要。家长会是家校交流最常见的形式,也是教师和家长平等交流的平台,也是家长和教师进行沟通,相互了解学生情况的好机会。学校开家长会,目的是让任课老师针对教学工作的重点和要求向家长宣传,让班主任针对班级学生的整体情况进行交流、反馈和总结。传统的家长会,一般都是选择一个时间,将家长集中在一起,先由学校统一广播,然后分学科与家长沟通本学期的学习重点和要求,再由班主任分析班级现状,肯定进步,提出不足。有的学校还会邀请一些专家,利用家长会向家长传播教育理念。其实,家长下班饿着肚子赶来,不是来参加教研活动,不是来听大道理的,而是来了解他们具体该做些什么。现今有的家长几乎是“闻会色变”,这就需要班主任反思,怎样做,家长们才不是“被开会”? 我们是否反思过:家长们喜欢什么样的家长会呢?

苏霍姆林斯基说过:“如果没有整个社会,首先是家庭的高度素质,那么,不管老师付出多大的努力,都收不到完美的效果。学校里的一切问题都会在家庭里折射出来,而学校复杂的教育过程产生的一切困难的根源也可以追溯到家长。”为了让学校教育和家庭教育真正接轨,让家长了解家庭教育的真正内涵,改善家校关系与亲子关系,开好家长会至关重要。本课程重新定义家长会的意义,着重创新家长会的方式,给一线班主任一些开家长会的建议和参考。

二、课程目标

1. 现状分析,发现传统家长会的利与弊,在反思的基础上提出改进策略。
2. 讲座聆听,明确家长会意义,掌握设计家长会的方法与技能。
3. 实践操作,设计、实施和改进家长会的方案。

三、课程内容与安排

环节	学习目标	主要内容	学习方式	时长(共410分钟)
现象思考	通过微讲座及问题思考,知道现在家长会的主要问题和成因。	一、案例分析 二、呈现问题 究竟要不要开家长会? 家长们喜欢什么样的家长会呢? 三、定义家长会 家长会(parents meeting),一般是由学校或教师发起的,面向学生、学生家长,以及教师的交流、互动,介绍性的会议或活动。	微讲座:PPT + 个人讲解	30 分钟
		作业:针对自己班级现有的家长会形式提出困惑并交流。	完成作业	30 分钟
理论学习	观看专题讲座和自学文本材料,知道家长会的重要性,分析传统家长会的利与弊,了解开家长会的基本方法。	一、家长会的作用 (一) 沟通作用 (一) 促动作用 二、家长会的重要性 是沟通学校与家庭,使学校教育与家庭教育保持密切联系、协调一致的有效形式和途径,是学校整个教育教学工作的重要组成部分。	微讲座:PPT + 互动谈话	60 分钟

（续表）

环节	学习目标	主要内容	学习方式	时长（共410分钟）
理论学习		三、家长会的常见方式 （一）发布会形式 （二）会演慰问形式 （三）共同活动形式 四、传统家长会的利与弊		
		结合实践体验了解家长会的创新方式 1. 活动展示式 2. 沙龙式 3. 主题式 4. 分层式 5. 接待式 6. 讲座式 7. 网络式	自学	45分钟
		作业：选择题5题，判断题5题。	完成作业	45分钟
案例分析	运用所学理论分析相关案例，掌握设计家长会的方法和技能。	案例分析“家长成长工坊”： 通过建立“家长成长工坊”，能帮助家长更了解家庭教育的定位和目标。借助心理知识帮助家长了解学生在各个阶段的心理特点，关注学生各个阶段性格、习惯、兴趣点上的变化，引导家长在关注学生智力因素的同时也要关注非智力因素的培养，使家长们在关注学生智力因素的同时，也能看到各个阶段学生心理、个性上的变化，从而真正使家庭教育达到目标全面，着眼未来。帮助家长理解学生的同时，更好地引导学生全面发展，做到实处。	案例学习：案例+PPT+互动谈话	45分钟
		讨论议题：结合案例，分析此种家长会是否有利于家校沟通？还有什么需要改进的地方？	网上互动研讨	45分钟
		作业：选择题5题。	完成作业	30分钟

（续表）

环节	学习目标	主要内容	学习方式	时长(共410分钟)
实践反思	运用所学理论知识改进自己的家长会设计方案。	作业： 提交一份家长会设计方案。	完成作业	40分钟
		讨论议题： 网上互动：观看至少3份其他学员的作业，并围绕建立家长微信群促进班集体建设的要求发表评论。	发表评论	40分钟

四、课程评价

（一）评价内容与方式

课程学习时间考核，教师全程参加网上课程学习，观看案例视频，学习理论讲座，组织讨论，完成考核题目。

课程作业考核，每个环节客观题采用判断题及选择题；主观题采用评议、讨论等手段评阅，客观题由主讲教师批阅。

学员在课程结束后，在线填写《"创新家长会方式"网络课程效果反馈调查表》。

（二）课程作业

课程考查学员在各个环节中学习目标的达成度，即学员须完成每一个环节的评价任务方达成课程目标。

作业采用客观题和主观题两种形式，总分100分，需达到60%的正确率和完成率才算合格。(1)现象思考环节为主观讨论题，共10分，考查学员是否针对该现象进行了思考。(2)理论学习环节有5道选择题和5道判断题(共10题)，每题3分，共30分，考查学员是否掌握了理论学习的重点。(3)案例分析环节有5道选择题，每题4分，共20分，提供若干案例分析结果的答案供判断、选择，考查学员是否能够用理论分析实际问题。三个环节中所有题相加后的总分值是60分。(4)实践反思作业为主观题，目的是考查学员是否能用学习到的理论指导并解决实践问题。要求学员提供基于实践的家长会方案一份，分值为30分，完成网上互动、观看其他学员作业并发表评论，分值为10分。

（三）课程效果反馈

对学员课程满意度进行调查来反馈课程实施效果。学员在课程结束后，利用研修平台的在线评价功能，填写课程效果反馈表，对课程的主题、内容和效果等进行评价。

《“创新家长会方式”网络课程效果反馈调查表》

1. 请您在相应的等级上画圈“○”（提示：按五级评价，5 代表最好，1 代表最差）。

专题或活动	主题的针对性	内容的适切性	效果的满意度
1. 观看案例，交流困惑	5—4—3—2—1	5—4—3—2—1	5—4—3—2—1
2. 理论讲座视频	5—4—3—2—1	5—4—3—2—1	5—4—3—2—1
3. 案例分析	5—4—3—2—1	5—4—3—2—1	5—4—3—2—1
4. 完成一份家长会设计方案	5—4—3—2—1	5—4—3—2—1	5—4—3—2—1

2. 通过培训，您是否清楚家长会的正确定义和作用？

A. 非常清楚　B. 比较清楚　C. 不太清楚　D. 完全不清楚

3. 您认为最有效的家长会召开方式是？

A. 活动展示式　B. 沙龙式　C. 主题式　D. 分层式

E. 接待式　F. 讲座式　G. 网络式

4. 您认为本课程需要进一步加强的内容是哪一部分？

A. 理论知识　B. 学科知识　C. 实践内容

5. 您认为本次研修课程对您的家校沟通工作有帮助吗？

A. 很有帮助　B. 一般　C. 没有帮助

6. 您对本次研修课程的设计与安排是否满意？

A. 很满意　B. 满意　C. 一般　D. 不满意

7. 对于本次研修，您有何改进建议？

____

____

徐汇区高安路第一小学　汤　捷

“如何指导家长对大班孩子进行幼小衔接教育”课程纲要

一、课程背景

《幼儿园教育指导纲要》中指出，“建立良好的常规，避免不必要的管理行为，逐步引导幼儿学习自我管理”。教师重视大班幼儿的自我管理的培养，培养规则意识和管理能力，对于其进入小学，具有铺垫作用。

目前，教师和家长对幼小衔接教育的重要性认识不足，同时也缺乏幼小衔接教育的相关知识和方法，一些教师只重视知识上的片面衔接，不注重幼儿思维方式、学习习惯、社会技能等方面的衔接，亟须通过培训提高对幼小衔接教育的认识，提升具体操作能力。

幼小衔接指的是幼儿教育与小学教育的衔接。处于幼儿园与小学阶段的学生具有不尽相同的身心发展特征，幼儿园和小学对学生的教育又各具特色，容易给小学新生带来各种不适应，从而影响他们的发展。解决好幼儿教育与小学教育的衔接问题，对于促进人的可持续发展、提高教育质量都具有重要意义。

二、课程目标

1. 通过聆听讲座、观摩教学实例，认识幼小衔接教育的价值。

2. 通过案例反思、自主实践等方式，帮助教师和家长形成开展幼小教育衔接的实际操作能力。

3. 通过现场实践，设计幼小衔接教育的活动方案。

三、课程内容与安排

<table>
<tr><th>环节</th><th>学习目标</th><th>主要内容</th><th>学习方式</th><th>时长(共450分钟)</th></tr>
<tr><td rowspan="2">现象思考</td><td rowspan="2">1. 树立正确的“幼小衔接”观念,给家长和老师以正确的指导态度和观念。统一思想,步调一致,提高幼小衔接的效果。
2. 寻找科学的指导方法和训练策略。采取科学合理、行之有效的方法,予以指导和培养,使大班幼儿作好各方面的准备,缩短适应期。
3. 研究幼小教育的系统性、一致性,为教育研究提供素材;挖掘教育资源,丰富大班下学期的教学内容,做出相应调整和补充,在教学内容上做好衔接。</td><td>一、关于孩子在生活与学习等习惯上出现的问题
目前大班幼儿在生活与学习的习惯养成上的现状与存在的问题。
二、主要课程内容的概述
三、课程目标与内容</td><td>互动研讨
讲座</td><td>20 分钟
25 分钟</td></tr>
<tr><td>作业:介绍自己帮助大班幼儿养成好的生活与学习习惯(经验与问题)。</td><td>完成作业</td><td>45 分钟</td></tr>
<tr><td rowspan="2">理论学习</td><td rowspan="2">了解如何指导家长对大班幼儿进行幼小衔接教育的要求、方式与途径。</td><td>各种文本中的良好的学习与卫生习惯的要求与方法:
1.《幼儿园工作规程》
2.《上海市幼儿园课程指南》
3.《3—6 岁儿童学习与发展指南》</td><td>自学</td><td>60 分钟</td></tr>
<tr><td>作业:选择题 5 题,是非题 5 题、简答题 3 题。</td><td>完成作业</td><td>45 分钟</td></tr>
</table>

（续表）

<table>
<tr><th>环节</th><th>学习目标</th><th>主要内容</th><th>学习方式</th><th>时长(共450分钟)</th></tr>
<tr><td rowspan="2">案例分析</td><td rowspan="2">1. 激发良好愿望，提升学习兴趣。
2. 学习规则培养。
3. 增强意志力——坚持性、自制力、规则意识。
4. 培养自信心、勇敢精神等。
5. 孩子犯错了，家长该如何做引导？（保证孩子心理健康；培养孩子良好心态，大声表扬，单独批评，保护孩子的自尊心。）</td><td>在实际工作，如何指导家长对大班幼儿进行幼小衔接的内容、途径与方法的经验梳理：
1. 培养孩子的学习素质，即学习的能力。
2. 培养良好学习习惯。
3. 养成热爱读书的习惯：阅读。
4. 倾听是一种很自然的接受方式。孩子对听故事、听儿歌总有着极大的兴趣。经常听听录音、听听广播。
5. 提升学习兴趣：让学习像游戏一样有趣——在游戏中学习。
6. 专注能力起到决定作用。要求孩子做事情专注地做 10 分钟，不要三心二意。</td><td>学习课例
学习课例
学习课例</td><td>45 分钟
45 分钟
45 分钟</td></tr>
<tr><td>作业：
1. 提交一份案例，案例内容在 A、B 两项中二选一。
A：提交一份策划如何培养孩子的受挫能力的案例。
B：提交一份已经实施的良好的学习习惯培养的完善案例。
2. 提交一份目前在解决孩子良好的学习习惯问题设计活动中遇到的问题。</td><td>完成作业</td><td>45 分钟</td></tr>
<tr><td rowspan="2">实践反思</td><td rowspan="2">1. 将课程知识进行实践运用。
2. 对测评与数据分析，体验课程效果。
3. 案例撰写，初步实现理论对自身实践的指导。</td><td>网上互动：观看至少 3 份其他学员的作业，并围绕培养孩子良好的学习习惯发表评论。</td><td rowspan="2">完成作业</td><td rowspan="2">75 分钟</td></tr>
<tr><td>作业：
谈谈你对孩子自主学习能力培养的案例。</td></tr>
</table>

四、课程评价

（一）评价内容与方式

课程学习时间考核，教师全程参加网上课程学习，观看讲座、案例、评析等视频，至少连续完成80%的视频观摩时间。

课程作业考核，每个环节客观题正确率达到60%及以上可继续下一环节的学习，否则须重新进行该环节的学习；主观题可采用评议、点赞、讨论等手段评阅，主讲教师对优秀作业进行置顶展示与加分。

课程效果反馈，学员在课程结束后，在线填写《“如何指导家长对大班孩子进行幼小衔接教育”网络课程效果反馈调查表》。

（二）课程作业

课程采用“通关”的评价形式，考查学员在课程各个环节中学习目标的达成度，即学员须完成每一个环节的评价任务并达到一定正确率，方能进入下一阶段的学习，全部“通关”后，达成课程目标。

作业采用客观题和主观题两种形式。(1)问题分析环节提交一份自己的指导经验或问题的报告，15分。(2)理论学习环节有5道选择题，每题1分，共5分；有5道是非题，每题1分，共5分；简答题3题，每题5分，共15分。(3)案例分析环节提交一份案例和一个在实际工作中遇到的问题，合计30分。(4)实践反思环节提交一份案例，30分。

（三）课程效果反馈

对学员课程满意度进行调查来反馈课程实施效果。学员在课程结束后，利用研修平台的在线评价功能和课程效果反馈表，对课程的主题、内容和效果等进行评价。

《“如何指导家长对大班孩子进行幼小衔接教育”网络课程效果反馈调查表》

1. 请您在相应的等级上画圈“○”（提示：按五级评价，5代表最好，1代表最差）。

专题或活动	主题的针对性	内容的适切性	效果的满意度
1. 问题分析	5—4—3—2—1	5—4—3—2—1	5—4—3—2—1

（续表）

专题或活动	主题的针对性	内容的适切性	效果的满意度
2. 理论学习	5—4—3—2—1	5—4—3—2—1	5—4—3—2—1
3. 案例分析	5—4—3—2—1	5—4—3—2—1	5—4—3—2—1
4. 实践反思	5—4—3—2—1	5—4—3—2—1	5—4—3—2—1

2. 您是否清楚此次研修课程的目标？

A. 非常清楚　B. 比较清楚　C. 不太清楚　D. 完全不清楚

3. 您认为最有效的课程形式是？

A. 问题分析　B. 理论学习　C. 案例分析　D. 实践反思

4. 您认为需要进一步加强的课程内容是哪一部分？

A. 问题分析　B. 理论学习　C. 案例分析　D. 实践反思

5. 您对本次研修课程的设计与安排是否满意？

A. 很满意　B. 满意　C. 一般　D. 不满意

6. 对于本次研修,您有何改进建议？

____

____

徐汇区科技幼儿园　宋爱萍

图书在版编目（CIP）数据

大数据时代的德育课程开发：中小学德育主题网络课程纲要精选 / 秦红主编. — 上海:上海教育出版社, 2019.9
ISBN 978-7-5444-9245-4

Ⅰ. ①大… Ⅱ. ①秦… Ⅲ. ①德育 - 课程设计 - 教学研究 - 中小学 Ⅳ. ①G631

中国版本图书馆CIP数据核字(2019)第175229号

责任编辑 戴燕玲
封面设计 毛结平

大数据时代的德育课程开发
——中小学德育主题网络课程纲要精选
秦 红 主编

出版发行 上海教育出版社有限公司
官 网 www.seph.com.cn
地 址 上海市永福路123号
邮 编 200031
印 刷 昆山市亭林印刷有限责任公司
开 本 700 × 1000 1/16 印张 13.25
字 数 245 千字
版 次 2019年9月第1版
印 次 2019年9月第1次印刷
书 号 ISBN 978-7-5444-9245-4/G · 7625
定 价 59.00 元

如发现质量问题，读者可向本社调换 电话：021-64377165